인물 불교사

만화 불교이야기 2
인물 불교사

초판 2쇄 발행 | 2010년 3월 10일
글 김정빈 | **그림** 최병용
펴낸이 | 이동출
펴낸곳 | 도서출판 솔바람
등록 | 1989년 7월 4일(제5-191호)
주소 | 서울특별시 종로구 수송동 58번지 두산위브 파빌리온 1213호
전화 | (02)720-0824 **전송** | (02)722-8760 **이메일** | sulpub@hananet.net
편집장 김용란 | **편집·디자인** 오수영 손미영 | **마케팅** 박기석
© 김정빈, 2007

값 9,600원
ISBN 978-89-85760-64-5 07220
       978-89-85760-62-1 (전5권)

• 저자와의 협의에 따라 인지를 생략합니다.
• 잘못된 책은 바꾸어 드립니다.

만화 불교이야기 2

인물 불교사

김정빈 글 | 최병용 그림

솔바람

| 프롤로그 |
불교의 맛과 향기를 전한다

불교는 무엇일까?

지금도 많은 사람들이 불교를 만나고, 그때마다 불교에 대해 궁금하게 여긴다. 그러나 우리나라에 불교가 전래된 이래 국가 지정 문화재의 3분의 2를 창조해 냈고, 따라서 이제는 우리의 피와 살이 되다시피 한 불교에 대해 속시원히 의문을 풀어 주는 사람은 의외로 드물다.

간혹 불교에 대해 말해 주는 사람이 있다 해도 이번에는 너무 어렵다. 그렇지 않으면 '우물 안 개구리' 식이거나 '장님 코끼리 만지기' 식이어서 불교의 참모습과는 거리가 먼 경우가 많다. 이 때문에 불교를 알려다가 혼미의 늪에 빠져 의욕을 잃은 사람이 어디 한둘이었던가.

불교를 접한 지 23년. 나 또한 그 같은 고충을 겪은 뒤 최근에야 그 혼미의 늪을 겨우 빠져 나올 수 있었다. 그리고 늪에서 빠져 나와 보니

 불교가 반드시 어려운 종교만은 아니었다. 그것이 어렵게 느껴지는 것은 부분으로 전체를 보거나, 하류로 상류를 의미짓거나, 선입견과 고정관념이라는 색안경을 꼈거나, 욕망과 무지에 의해 마음의 눈이 왜곡되고 굴절된 채 불교를 보기 때문일 뿐 불교 자체가 난해해서는 아니었다.
 따라서 나는 가능한 한 근시·원시·난시·색맹은 물론 색안경까지 벗어 버리고 있는 그대로의 불교를 보려고 애썼다. 그 결과 나는 불교가 '군내 나는 종교'만은 아니라는 것을 알게 되었다. 아니, 도리어 불교는 매우 신선하고 아름다울 뿐 아니라 지극히 이성적이고 과학적이기까지 한 종교였다.
 그 발견은 나에게 큰 기쁨을 주었고, 마침내 나는 감히 여기에 '불교라는 거대한 코끼리'를 독자들에게 소개하기에 이르렀다.
 이 책을 통해 나는 나를 매혹시켰던 불교의 맛과 향기를 가능한 한 많이 담아 보려고 애썼다. 또한 그 맛과 향기가 나에게는 너무나 황홀했기에 그것을 보다 널리 전하고 싶은 마음에서 나는 만화라는 특수한 형식을 빌리기로 마음먹게 되었다.

만화는 특성상 복잡한 것을 단순화할 필요가 있는 장르이다. 따라서 이 책이 어느 면에서는 불교의 심원한 뜻을 지나치게 단순화한 잘못을 범했을 수도 있다. 그러나 현자일수록 어려운 이치를 쉽고 단순하게 말하는 법이므로 단순화 자체가 문제될 것은 없으리라. 그러므로 이 책에 허물이 있다면 그것은 만화라는 형식의 잘못도, 단순화의 잘못도 아니고 아직껏 '현자의 단순성'에 도달하지 못한 나의 잘못이라 하겠다.

이 몇 권의 책을 통해 독자들이 불교의 참다운 정신에 근접하게 된다면 더 이상 바랄 것이 없다.

아울러 이 책을 펴내는 데 함께 애써 주신 최병용 선생님과 솔바람 가족들에 대한 고마움은 평생토록 남게 될 것이다.

2008년 3월
김정빈

|프롤로그|

1 부처님의 10대 제자

위대한 전통의 원천 12

지혜 제일 샤리푸트라 19

신통 제일 목갈라나 31

두타 제일 카시아파 38

지율 제일 우팔리 53

다문 제일 아난다 60

2 인도불교

최초의 분열 68

진리의 왕 아소카 74

부파불교 시대 85

대승불교의 발흥 90

대승가들의 새로운 시각 98

꽃피는 대승불교 103

3 중국불교

유교와 도교 사이에서 110

쿠마라지바 · 법현 · 혜원 116

남북조시대 123

수 · 당시대 129

선이란 무엇인가 137

전설적인 큰스승 달마 대사 142

혜가 · 승찬 · 도신 · 홍인 154

차 례

6조 혜능 대사 161

임제 선사 172

부처님께서 세 곳에서 마음을 전하시다 180

대륙에서도 꽃은 지고 189

4 한국불교

불교가 들어오다 196

세속에서 도를 이룬 부설 거사 201

원광 법사의 세속오계 210

금강계단을 만든 자장 율사 216

두 스승, 원효와 의상 221

승랑·원측·혜초·도의 229

송나라에 떨친 명성, 의천 233

고려의 큰스승, 지눌 239

태고·나옹·대장경·일연 244

기울어가는 불교를 붙든 무학 대사 250

불교의 쇠락기에 활동한 함허·설잠·보우 254

조선 불교의 중흥자 서산 대사 257

한국불교의 근·현대 고승전 263
-경허·만공·한암·용성·만해·청담·효봉·경봉

5 여러 나라의 불교

일본불교 280

티베트불교 286

동남아시아 불교 292

서양의 불교 300

1
부처님의 10대 제자

위대한 전통의 원천

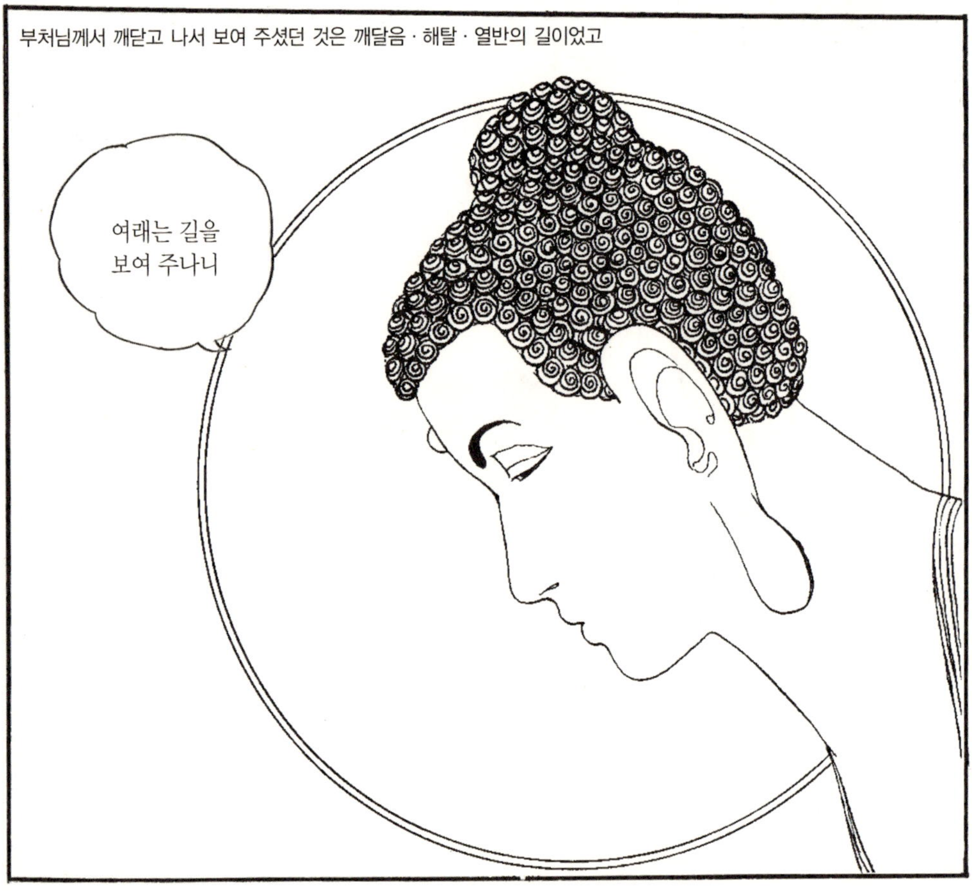

부처님께서 깨닫고 나서 보여 주셨던 것은 깨달음·해탈·열반의 길이었고

여래는 길을 보여 주나니

자, 이 길을 따라 번뇌를 벗어나거라.

그 길을 따라 해탈을 성취한 제자는 수천 명에 이르렀다.

그런 경지를 성취한 성자를 아라한*이라 불렀으며

수천 명의 아라한 중에서도 더욱 뚜렷한 별로서

흔히 10대 제자가 꼽혀 왔다.

* 아라한 : 신과 인간들로부터 존경받는 분이라는 뜻.

스스로 해탈을 이루었다는 점에서는 모든
아라한들이 같지만

중생을 교화하는 데 있어서는 능력의 차이가
있어, 아라한 중에도 더욱 돋보이는
성자들이 있었다.

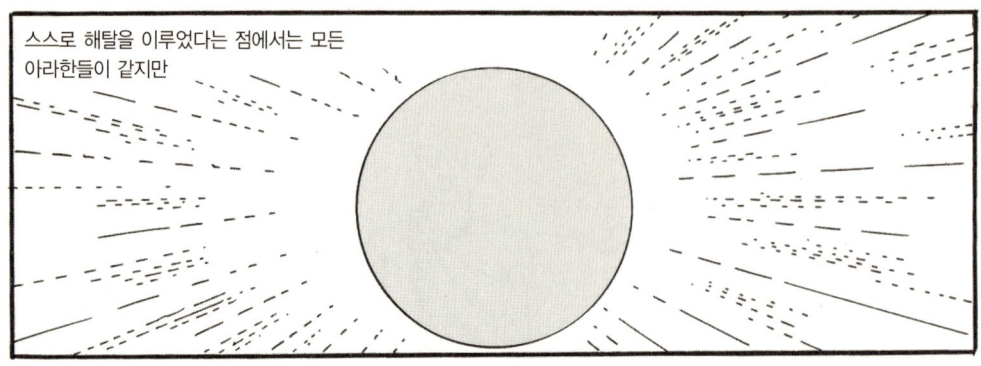

지혜 제일
샤리푸트라
①

신통 제일
목갈라나
②

다문 제일
아난다
⑩

두타 제일
카시아파
③

밀행 제일
라훌라
⑨

천안 제일
아누룻다
④

논의 제일
캇차야나
⑧

지율 제일
우팔리
⑤

설법 제일
푸루나
⑦

혜공 제일
수부티
⑥

당시의 비구들은 이런 큰 아라한 밑에서
무리지어 수행하는 예가 많았다.
어느 때 세존께서 말씀하셨다.

보라, 지혜의 길을 즐기는 비구들은 샤리푸트라를 중심으로 모여 있고

신통과 인연이 있는 비구들은 목갈라나 옆에 모여 있구나.

여래는 이 모든 무리를 찬탄하느니라.

한편, 비구니 중에도 따로 비구니 10대 제자가 있었다.

신통 제일
웃팔라바나

두타 제일
키사고타미

지혜 제일
케마

재가 신자 중에도 각각 남녀 10대 제자가 있는데, 여기서는 특히 유명한 몇 분의 위대한 성자들의 행적을 살펴보기로 하자.

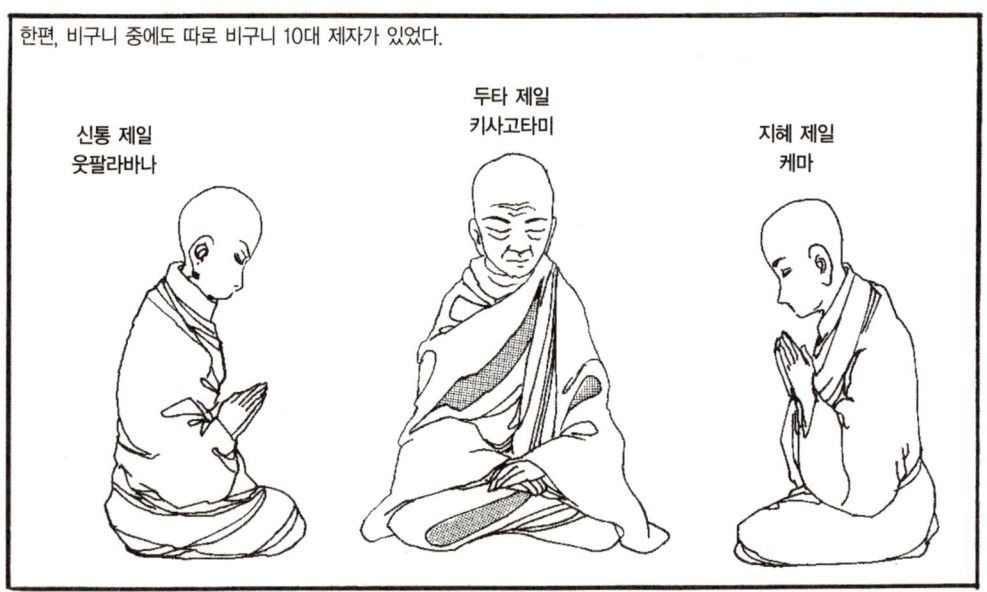

지혜 제일 샤리푸트라

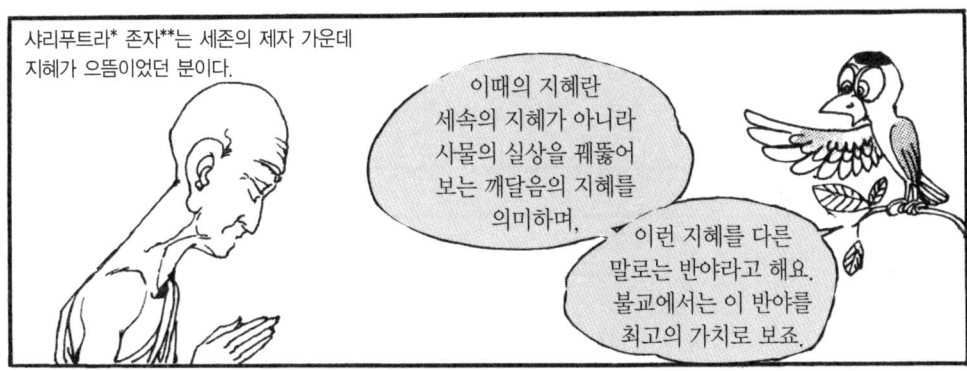

* 샤리푸트라 : 사리불이라고도 한다.
** 존자(尊者) : 학문과 덕행이 뛰어난 부처의 제자를 높이어 이르는 말.

* 사밧티 : 코살라국의 수도.

* 발우 : 수행자의 음식 그릇.

이 말씀은 세존조차도 존자를 큰 인물로 느꼈다는 것을 말해 준다.
계속해서 부처님은 이렇게 가르치셨다.

> 그러므로 너희는 너희 자신과 법에 의지해 수행해야 하느니라.

존자의 입멸은 세존의 시자였던 아난다 존자까지도
큰 슬픔에 빠뜨렸던 것으로 보아

> 세존이시여! 샤리푸트라 존자가 입멸하셨습니다.

> 흑흑!

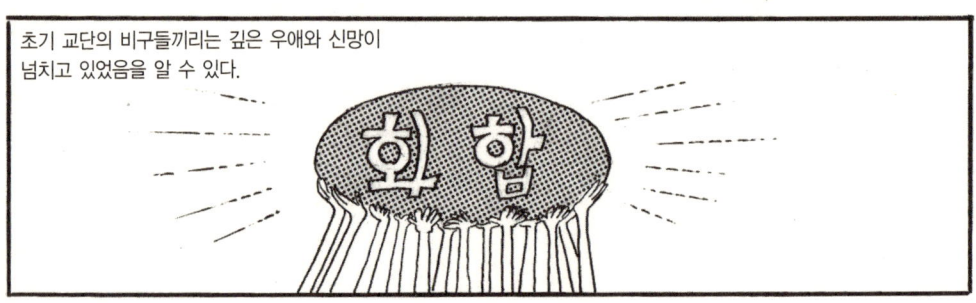

초기 교단의 비구들끼리는 깊은 우애와 신망이
넘치고 있었음을 알 수 있다.

> 화 합

신통제일 목갈라나

동서양을 막론하고 사람들은 성자에게 신비한 능력이 있다고 믿어 왔다.

불교에서는 그런 능력을 신통력이라 한다.

5신통(五神通)

천안통(天眼通) : 시공을 초월하여 보는 능력
천이통(天耳通) : 시공을 초월하여 듣는 능력
타심통(他心通) : 남의 마음을 읽는 능력
숙명통(宿命通) : 전생, 전전생의 삶을 아는 능력
신족통(神足通) : 벽을 빠져나가거나 공중에 뜨는 등 몸을 자유롭게 변화시키는 능력

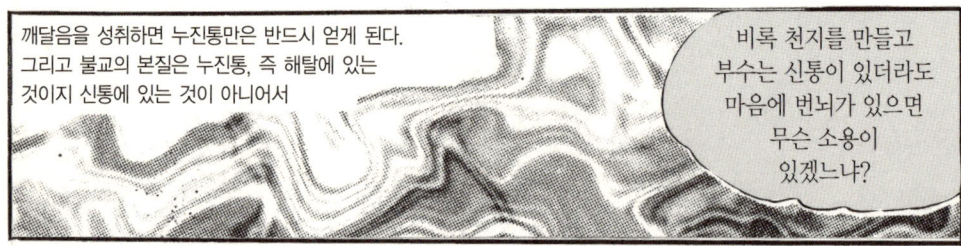

* 목갈라나 : 한자로 목건련(目犍連), 또는 목련이라 한다.

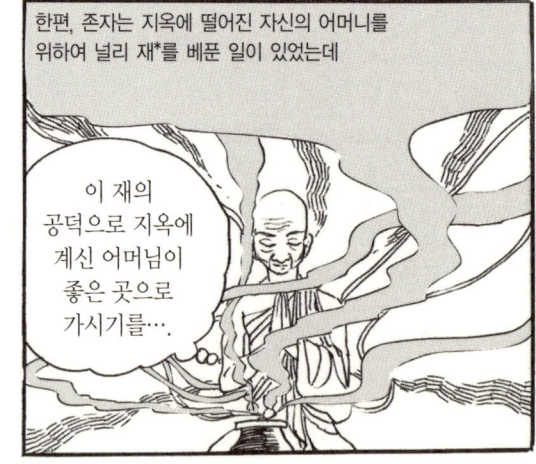

* 재(齋) : 명복을 비는 불공.

두타*제일 카시아파

| 세존 입멸시 교단의 으뜸 제자는 카시아파** 존자였다. | 샤리푸트라와 목갈라나 존자가 세존보다 먼저 입멸했기 때문에 |

* 두타(頭陀) : 검소한 생활.
** 카시아파 : 가섭이라고도 한다.

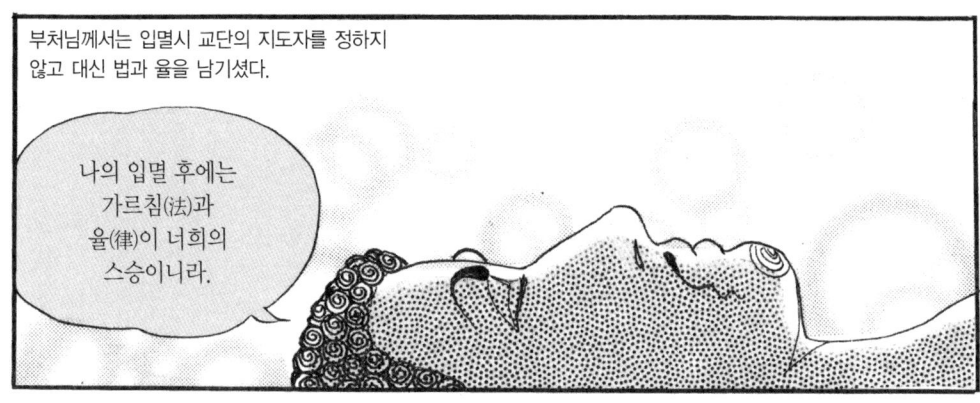

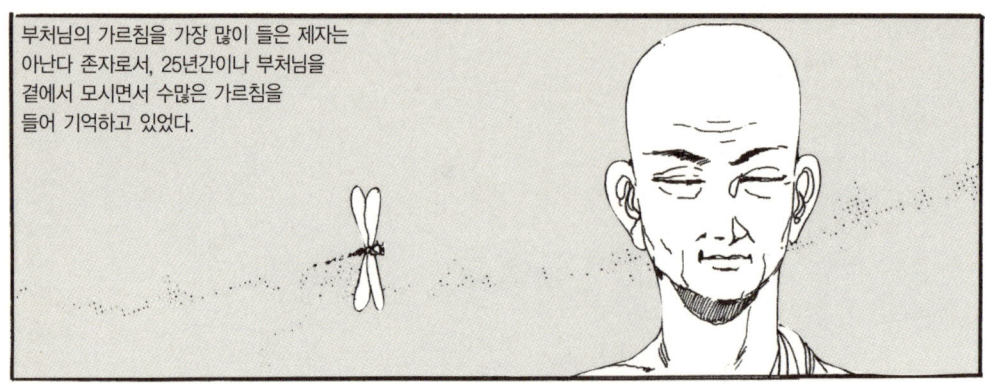

부처님의 가르침을 가장 많이 들은 제자는 아난다 존자로서, 25년간이나 부처님을 곁에서 모시면서 수많은 가르침을 들어 기억하고 있었다.

그러나 불행하게도 아난다 존자는 아직 깨달음을 성취하지 못한 상태였다.

4단계 성자의 경지 중 첫단계 성자였죠.

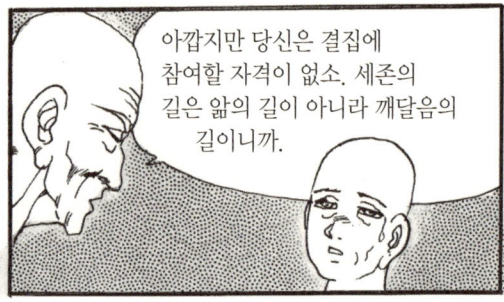

아깝지만 당신은 결집에 참여할 자격이 없소. 세존의 길은 앎의 길이 아니라 깨달음의 길이니까.

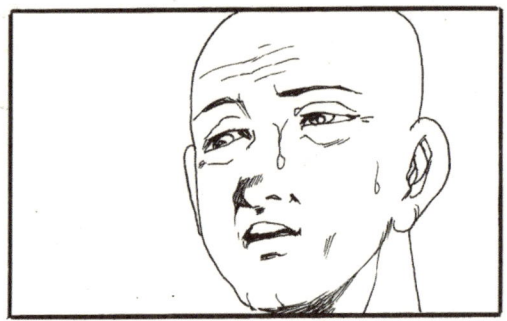

이에 아난다 존자는 크게 부끄러움을 느꼈다.

그리하여 맹렬하게 홀로 정진한 끝에
드디어 해탈을 이루고

아라한들이 모여 있는 곳으로 달려왔다.

오!
어서 오시오,
아난다 존자님!

* 구송(口誦) : 외워내는 것.
** 바라이 : 가장 중한 계율.

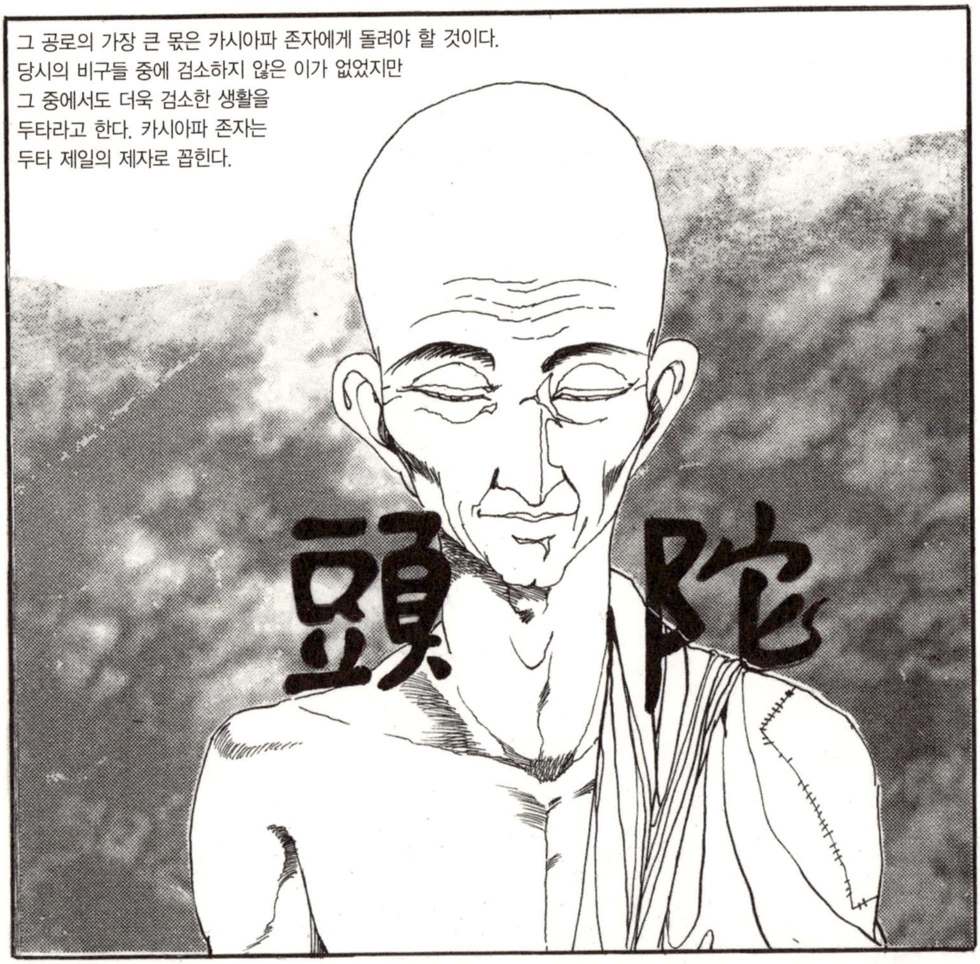

그 공로의 가장 큰 몫은 카시아파 존자에게 돌려야 할 것이다. 당시의 비구들 중에 검소하지 않은 이가 없었지만 그 중에서도 더욱 검소한 생활을 두타라고 한다. 카시아파 존자는 두타 제일의 제자로 꼽힌다.

頭陀

두타의 중요 내용은 다음과 같다.

산림에서만 살고, 탁발로만 먹으며, 신자들의 공양 초청은 받지 않고, 하루 한 끼만 먹으며, 버려진 천으로만 옷을 지어 입고, 무덤 사이 노천에서만 살며, 나무 밑에서만 자고, 지붕 밑에서는 자지 않고, 앉거나 설 뿐 드러눕지 않는다.

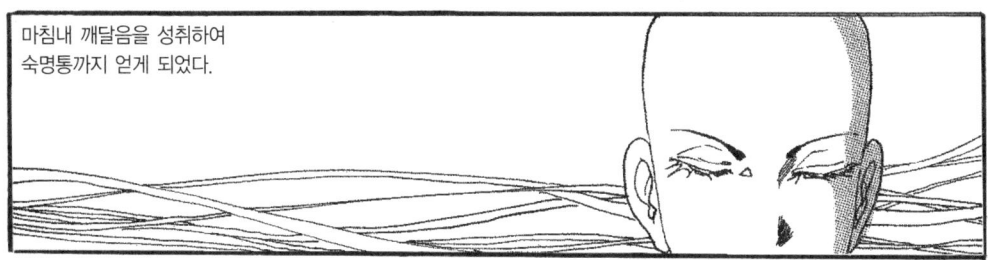

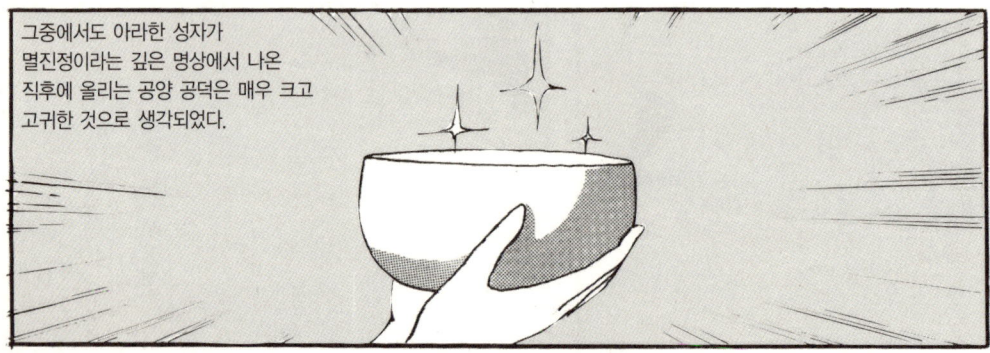

* 멸진정 : 적정하기를 바래서 닦는 선정.

멸진정은 몸과 마음의 기능이 정지되어 극히 순수하고도 순수한 상태이므로, 거기에서 나온 직후의 성자는 몸과 마음이 가장 고귀하고 숭고하기 때문이다.

따라서 성자들은 자신에게 공양을 하도록 허락함으로써 신자들에게 공덕을 되돌려 주는 수혜자(授惠者)였다.

참으로 받는 건 그대입니다.

음식을 받는 건 나지만 당신에게 큰 공덕이 돌아가리니…

다시 말해 성자는 반사경이 되어 신자들의 공덕을 되돌려 주는 것이다.

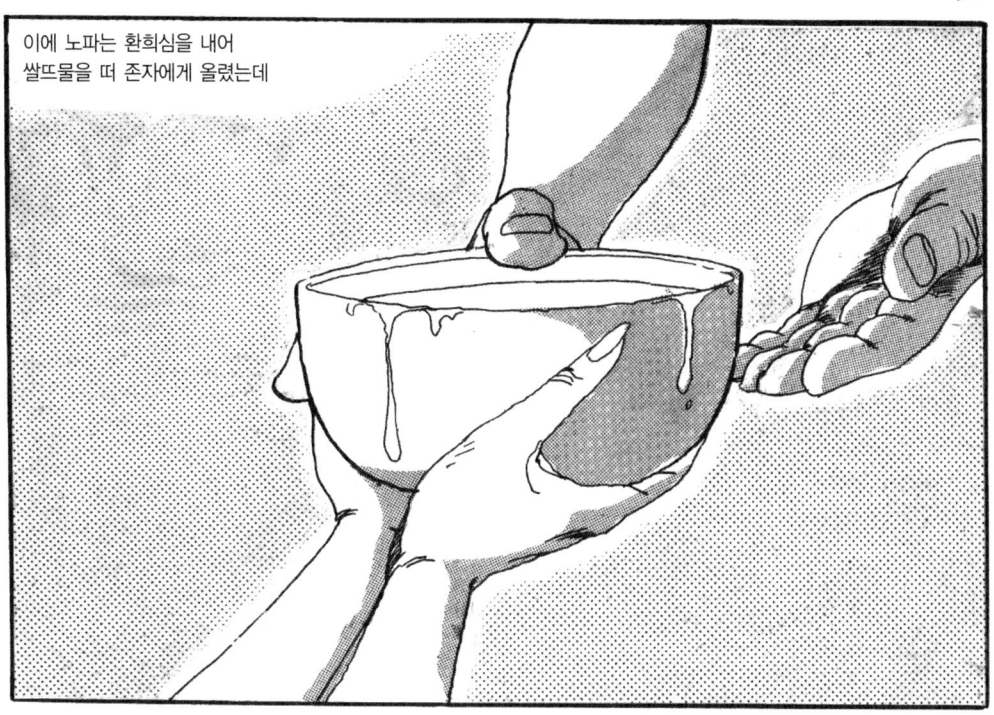

이에 노파는 환희심을 내어
쌀뜨물을 떠 존자에게 올렸는데

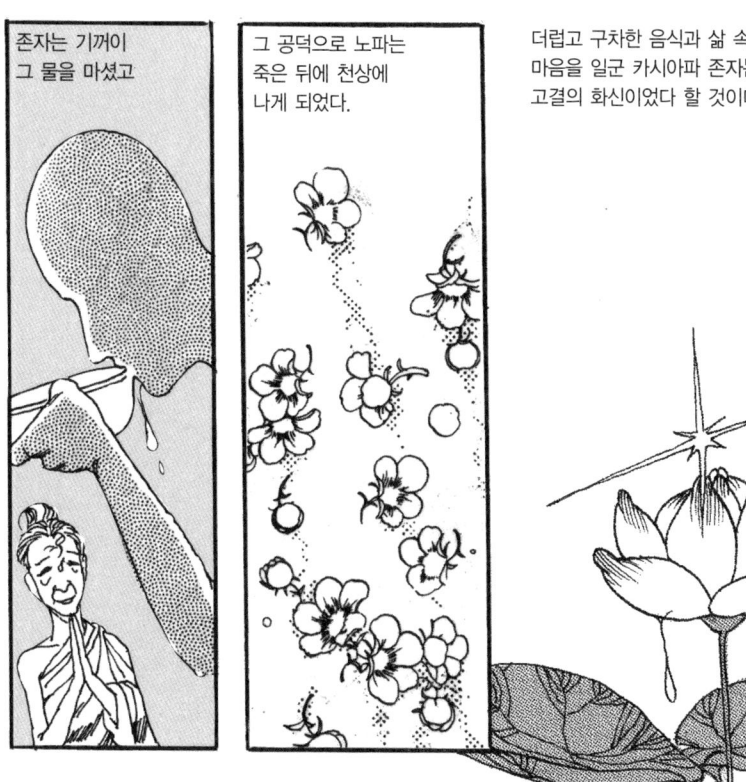

존자는 기꺼이
그 물을 마셨고

그 공덕으로 노파는
죽은 뒤에 천상에
나게 되었다.

더럽고 구차한 음식과 삶 속에서 청정한
마음을 일군 카시아파 존자는 실로 순결과
고결의 화신이었다 할 것이다.

천안 제일 아누룻다

부처님의 숙부의 아들로서, 왕족이었기 때문에 어려서는
굉장히 호사스러운 생활을 했다. 쌀은 어떻게 만들어지느냐는 질문에
'쌀은 밥그릇에서 나오는 것입니다'라고 대답했을 정도였다. 부처님께서 고국을
방문하셨을 때 샤캬족의 다른 왕자들과 함께 비구가 되었으나, 졸음을 이기지
못해 곧잘 졸곤 하였다.
　그러다가 부처님의 꾸짖음을 들은 다음부터 큰 결심을 하여 잠자지
않으면서 맹렬하게 정진하다가 눈이 짓무르게 되었다. 부처님께서는 잠을
자라고 권했지만 계속 잠자지 않고 정진하다가 결국 눈이 멀고 말았다.
그러나 곧 깨달음을 성취하고 천안(天眼)을 얻어 하늘과 땅 밑까지 두루두루
볼 수 있게 되었다. 세존께서 입멸하실 때에 아난다 존자와 함께 세존의
곁을 끝까지 지킨 제자다. 아나율이라고도 한다.

해공* 제일 수부티

공(空)은 텅 빔을 뜻하는 것으로, 불교의 개념 가운데 가장 난해한
개념 중의 하나이다. 공은 마음에 아무 집착과 번뇌가 없이 지극히
고요하게 된 것 또는 일체의 사물에 주체(주인·실체·영혼)가 없음을 뜻하는데,
이 공을 가장 잘 깨닫고 해설한 제자가 수부티 존자이다.
수보리라고도 한다.

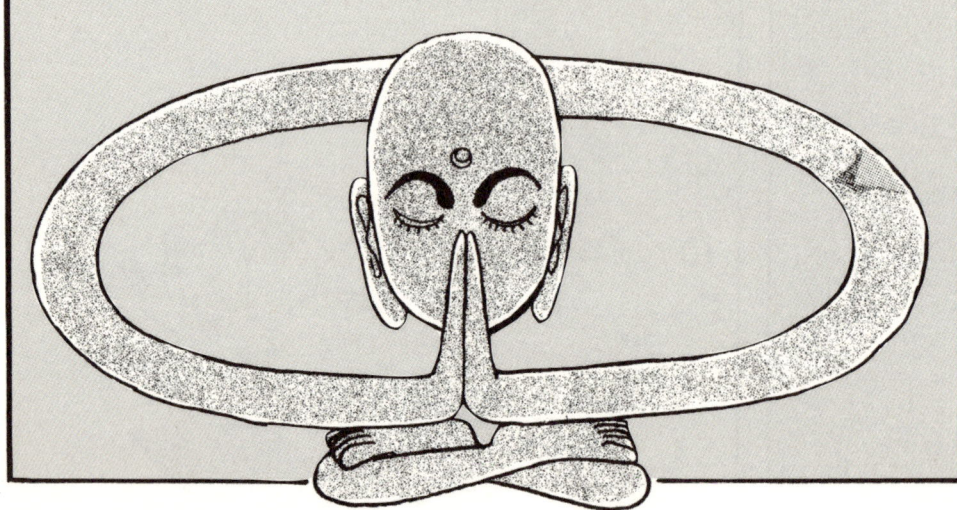

* 해공(解空) : 불교의 중심 진리인 텅 빔(空)의 이치를 잘 아는 것.

지율제일 우팔리

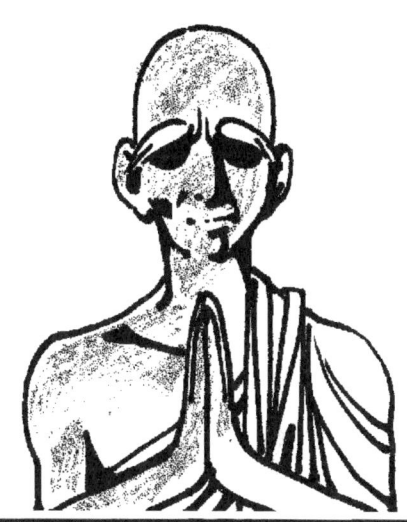

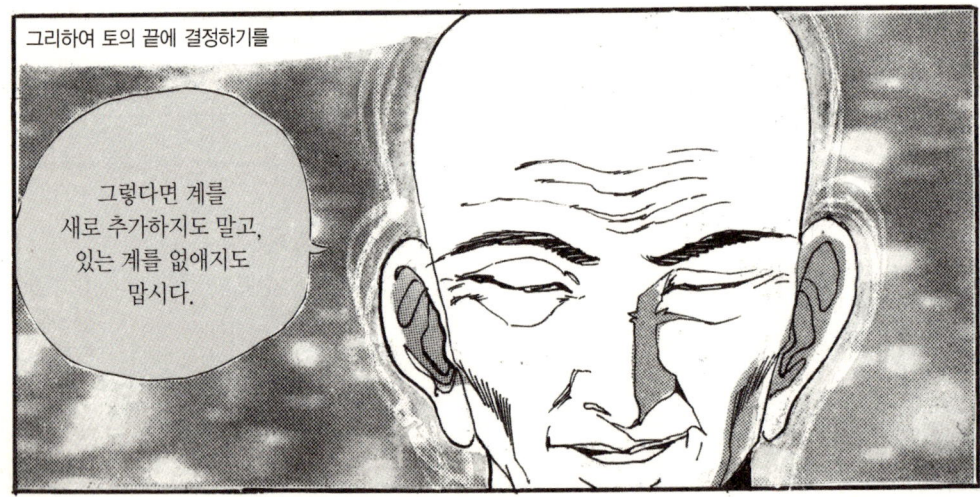

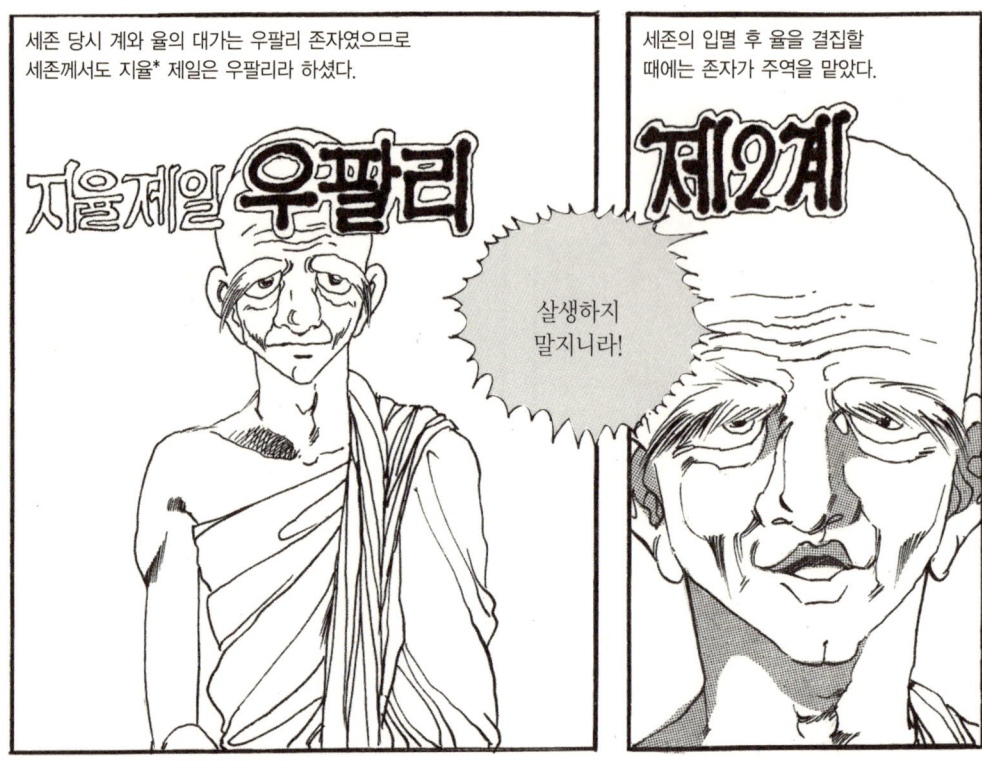

* 지율(持律) : 계율을 지녀서 지키는 것.

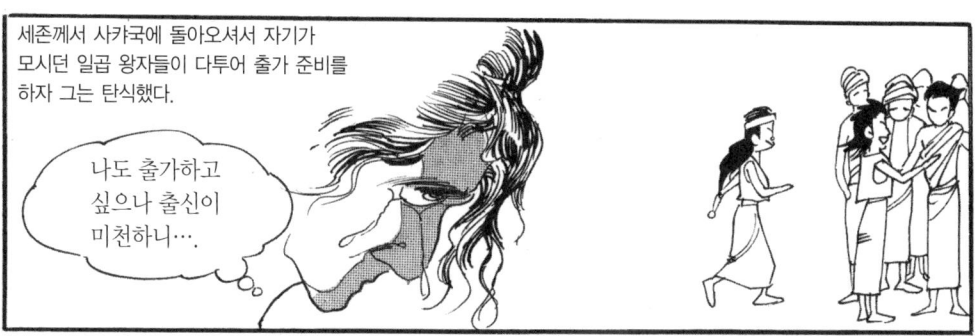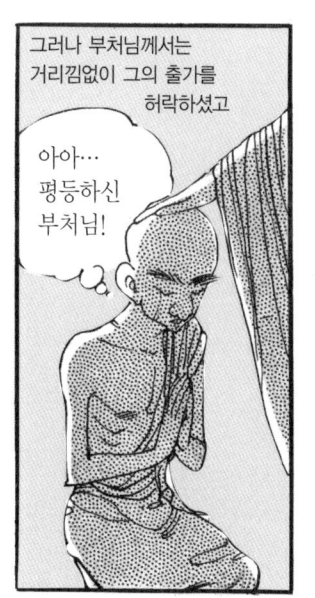

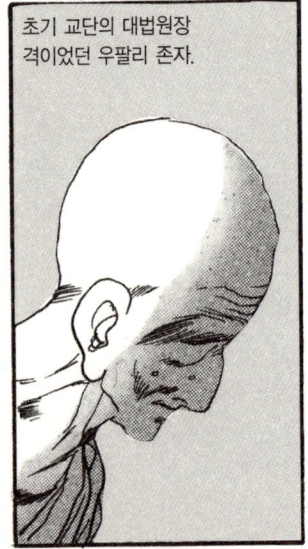

설법 제일 푸루나

자기 수행이 중심이던 초기 불교 교단에서 가장 적극적으로 불법을 펼쳤던 제자다. 부루나라고도 한다.

논의(論議) 제일 캇차야나

세존의 제자 가운데 드물게도 남인도 출신이다. 푸루나 존자가 수백 명의 대중에게 설법하는 데 능했다면 캇차야나 존자는 개인을 상대로 설복하고 교화하는 데 매우 능했다. 가전연이라고도 한다.

밀행(密行) 제일 라훌라

세존의 외아들로서 어려서 출가하여 최초의 사미가 되었다. 사미란 20세가 되지 않은 예비 비구를 일컫는다. 처음에는 세존이신 아버지를 의식하여 장난을 심하게 치는 등 말썽도 피웠으나 세존에 의해 교화되어 깨달음을 얻고 대 아라한이 되었다. 남몰래 숨어서 선행을 많이 해 밀행 으뜸이었으며, 비구니가 된 어머니 야소다라에게도 세심한 효도를 다했다고 한다.

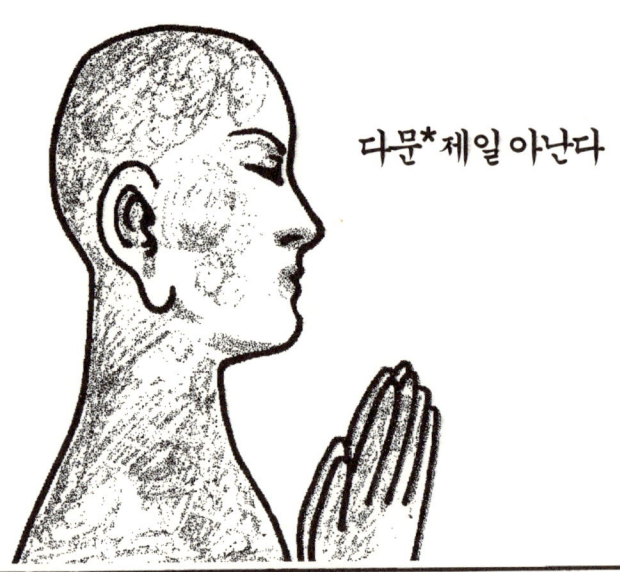

다문*제일 아난다

불교의 모든 경전은 '이와 같이 나는 들었습니다'라는 구절로 시작된다. 이때의 나는 바로 아난다 존자를 가리키는데, 경전을 결집할 때 존자가 부처님에게서 보고 들은 바를 송출**했기 때문이다.

如是我聞

이와 같이 나는 들었습니다.
한때 부처님께서…

* 다문(多聞) : 세존의 가르침을 풍부하게 들음.
** 송출 : 암송해 내는 것.

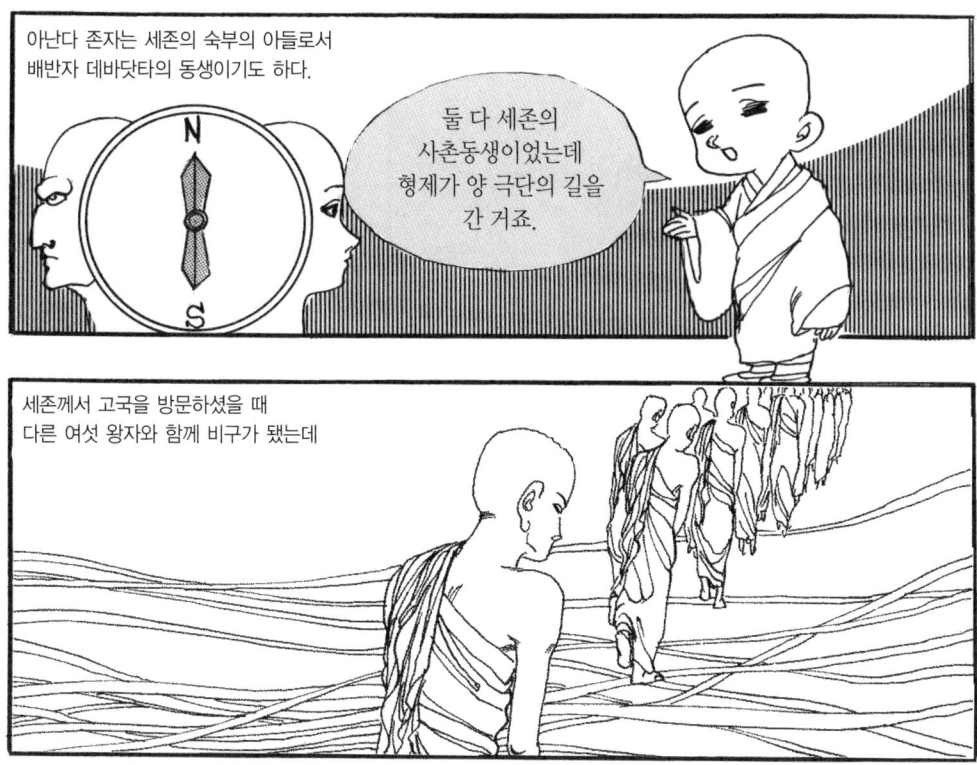

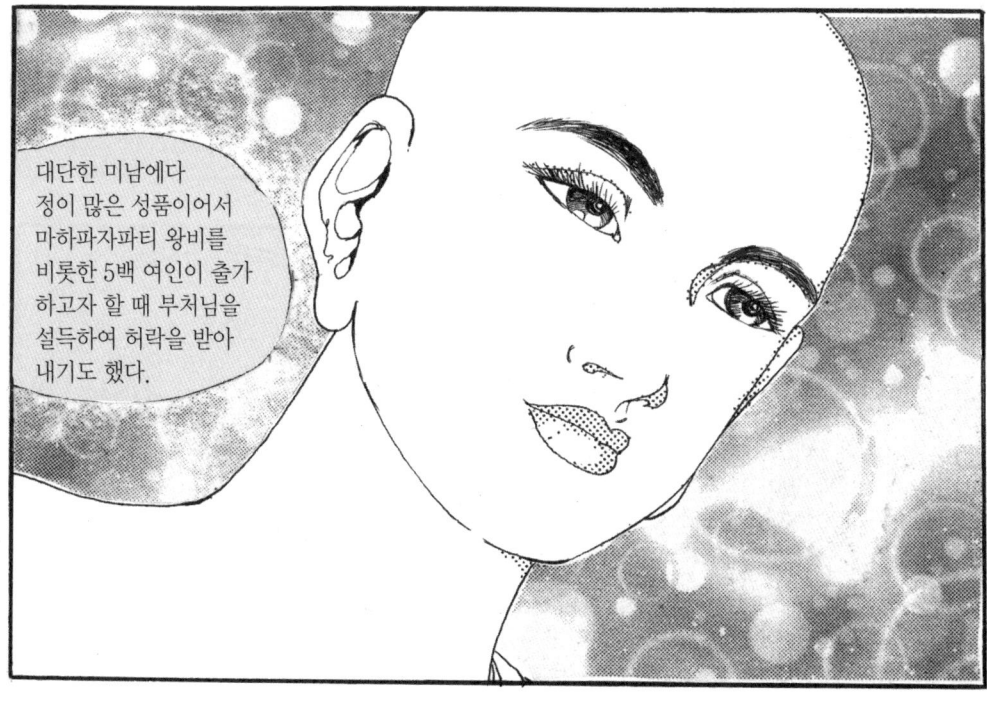

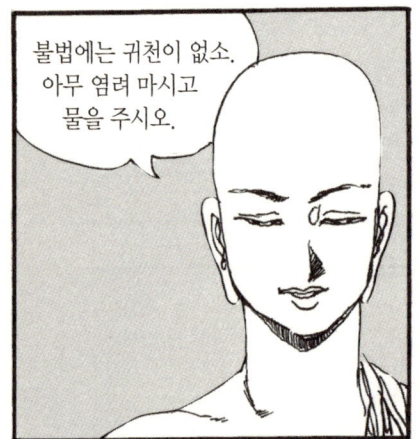

* 시자 : 스승을 모시는 제자.

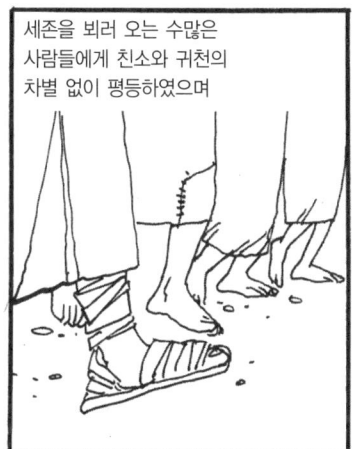

대승 불교(大乘佛敎)의 발흥

초기의 불교 교단은 두 그룹으로 나뉘어 있었다. 즉 엘리트 집단인 스님들 그룹과 그 스님들을 후원하는 재가 신자의 그룹이었다. 이 경우 신자들은 스님들에게 음식·옷·사원·의약품 등을 공급하고, 스님들은 신자들의 정신적인 지주가 되는 상호 보완적이고 의존적인 관계를 유지하였다. 그러다가 부파불교시대에 이르러 승려 그룹이 난해한 교리 연구에 몰두하여 신자들과 멀어지자, 부처님의 유물과 탑에 대한 숭배를 중심으로 하던 재가 신자와 일부 승려들을 주축으로 새로운 종교적 욕구가 분출되었다.

이 새로운 그룹은 기존의 불교인들을 소승(小乘)이라고 비판하면서 스스로를 대승(大乘)이라 불렀다. 소승이란 자기 해탈에만 열중하여 이웃에 대한 자비심이 적은 무리들의 길, 즉 작은 탈 것을 뜻하고, 대승은 자기보다 남을 구제하기 위한 삶을 사는 이들의 길, 즉 큰 탈 것을 뜻한다. 대승을 주장한 새로운 불교인들은 이성적·자립적인 기존의 수행법보다는 부처님에 대한 찬탄·예배·헌신을 더 선호했다. 또한 자기 수행에만 전념하는 아라한보다는, 수많은 전생(前生)을 거쳐 오면서 부처님이 닦아 왔던 희생과 봉사로 점철된 보살(菩薩)의 삶에서 더 큰 의미를 발견하였다.

대승가들에게는 기존의 경전조차도 불만스러운 것이었다. 기존의 경전은 지극히 소박하고 단순했기 때문에 그들의 뜨거운 종교 감정을 다 담아낸 것으로 볼 수 없었다. 그리하여 대승가들은 자신들의 사상에 입각한 새로운 경전을 편찬하였고, 대승의 각 그룹들은 저마다 일면 공통적이면서 일면은 다소 시각이 다르기도 한 경전을 지니기에 이르렀다.

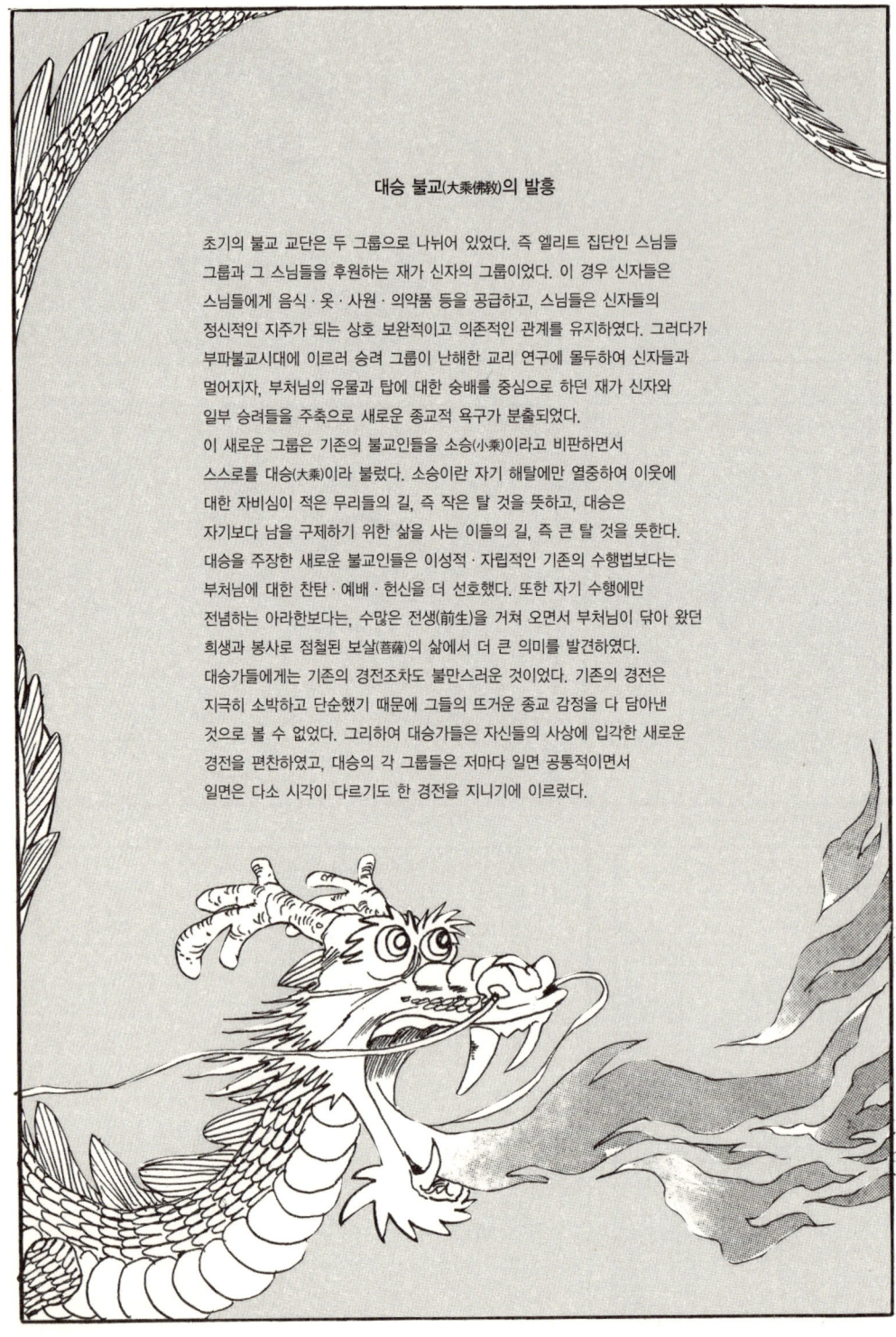

2

인도불교

최초의 분열

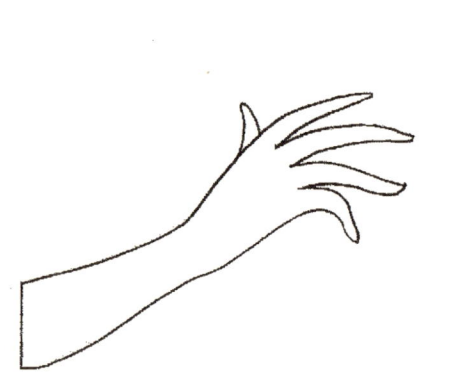

부처님께서 활동하신 때와 부처님 입멸 후 100년경까지의 불교를 근본불교 또는 원시불교라고 한다.

이때까지는 불교의 원형이 그대로 보존되었고, 그것이 후대 불교의 뿌리이기 때문이다.

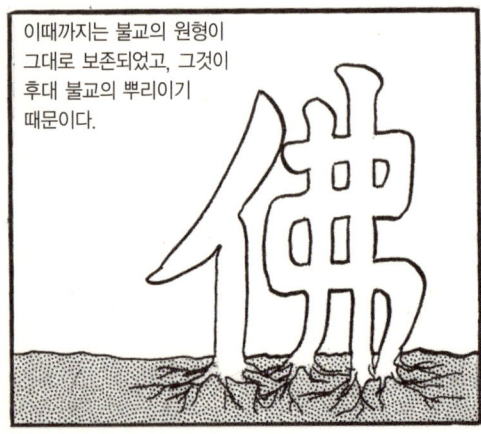

그러나 시간이 지나고 사회환경이 변하자

불교계에도 변화의 바람이 불어왔다.

그리하여 철벽같던 불교 전통에도 균열이 생겼는데, 이를 근본 분열이라한다. 그 분열의 동기는 계율 문제였다.

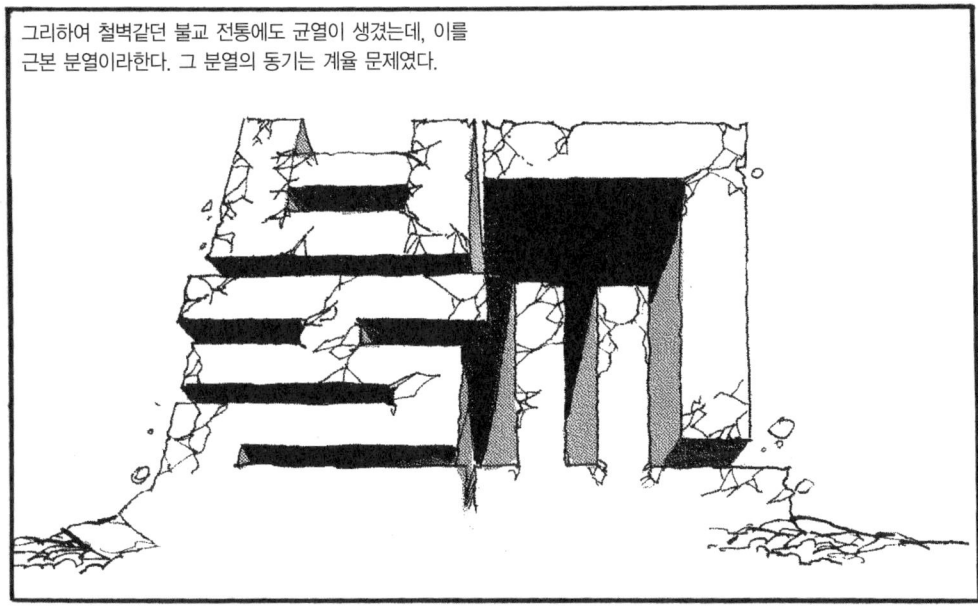

불멸* 후 100년경 서인도의 야사스라는 비구는 동인도에 갔다가

* 불멸 : 부처님의 입멸.

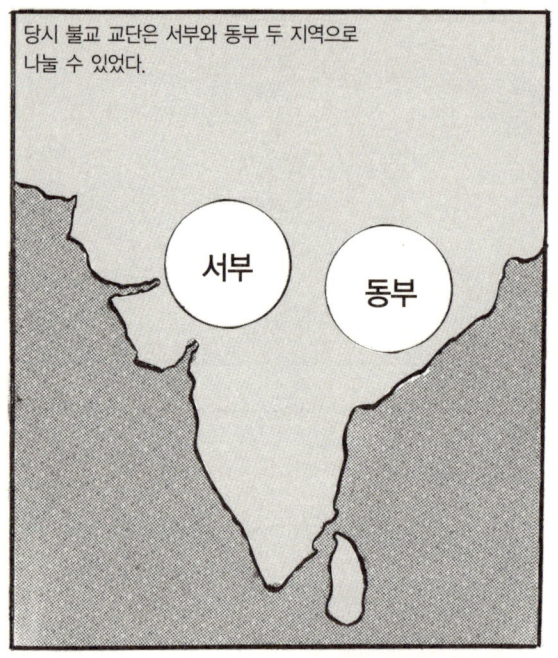

당시 불교 교단은 서부와 동부 두 지역으로 나눌 수 있었다.

처음에 동부에서 발흥한 불교는 세존 당시 캇차야나 존자에 의해 서부로 전파됐는데

중서부의 교단 문화는 보수적인 성향이 강했지만, 동북부 지방의 교단은 다채롭게 발전한 지역 문화의 영향을 받아 보다 자유롭게 변했다.

마침내 동서 교단에서는 네 명씩 장로 비구들을 선발하여, 기존의 계율에 융통성을 부여하려는 동부 교단의 10항목에 대해 심사를 벌였고, 그 10항목은 옳지 않다고 판결하였다.

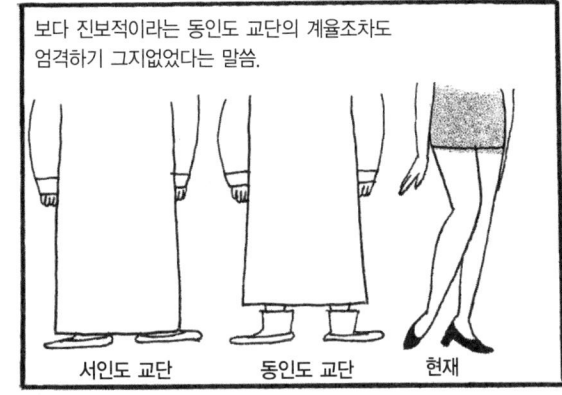

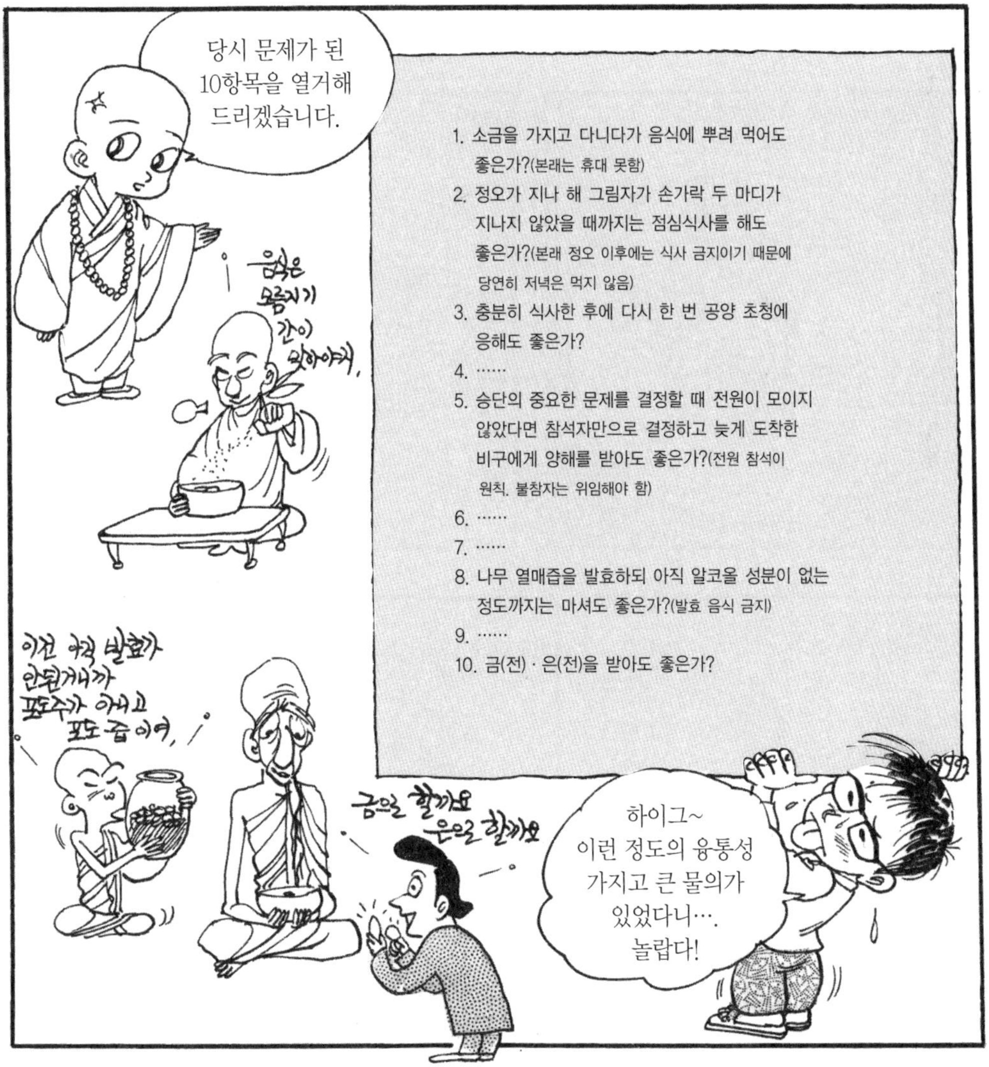

당시 문제가 된 10항목을 열거해 드리겠습니다.

1. 소금을 가지고 다니다가 음식에 뿌려 먹어도 좋은가?(본래는 휴대 못함)
2. 정오가 지나 해 그림자가 손가락 두 마디가 지나지 않았을 때까지는 점심식사를 해도 좋은가?(본래 정오 이후에는 식사 금지이기 때문에 당연히 저녁은 먹지 않음)
3. 충분히 식사한 후에 다시 한 번 공양 초청에 응해도 좋은가?
4. ……
5. 승단의 중요한 문제를 결정할 때 전원이 모이지 않았다면 참석자만으로 결정하고 늦게 도착한 비구에게 양해를 받아도 좋은가?(전원 참석이 원칙. 불참자는 위임해야 함)
6. ……
7. ……
8. 나무 열매즙을 발효하되 아직 알코올 성분이 없는 정도까지는 마셔도 좋은가?(발효 음식 금지)
9. ……
10. 금(전)·은(전)을 받아도 좋은가?

하이그~ 이런 정도의 융통성 가지고 큰 물의가 있었다니…. 놀랍다!

상황이 그렇게 흐르자 원칙파도
자유파를 견제할 방법이 없었다.

결국 교단은 둘로 나뉜 채

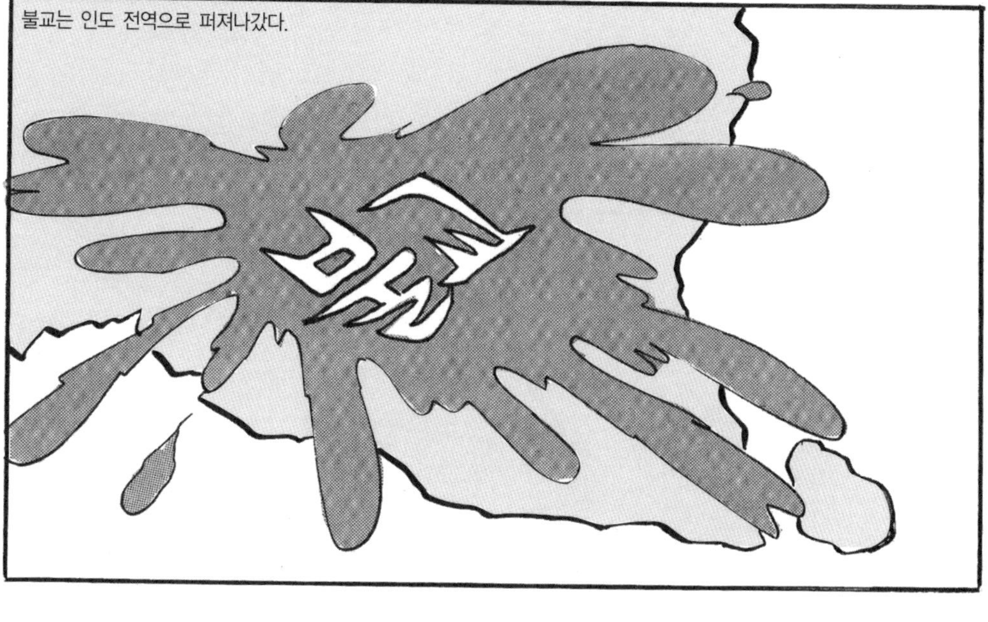

불교는 인도 전역으로 퍼져나갔다.

진리의 왕 아소카

대중부가 계율에 있어 상좌부보다 융통성이 있었다 하더라도 아직까지는 엄정한 수행을 유지하였으므로

계율의 융통성과 수행의 깊이는 무관한 것. 가일층 용맹 정진하면 같은 목표에 도달할 수 있는 것을….

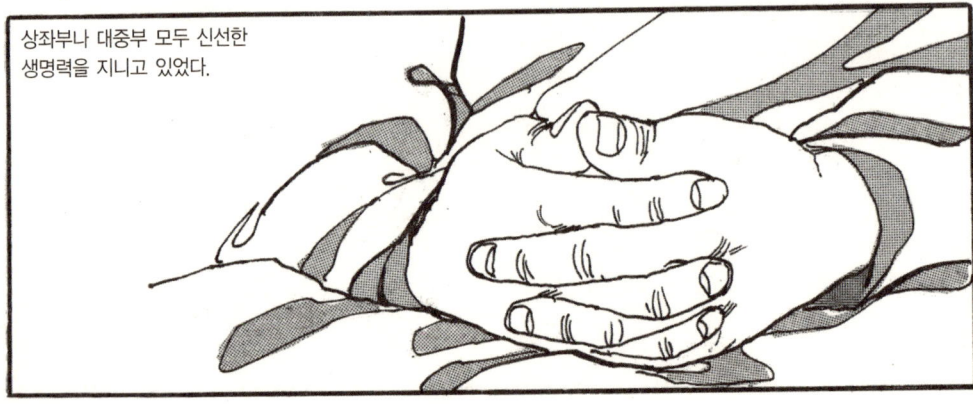

상좌부나 대중부 모두 신선한 생명력을 지니고 있었다.

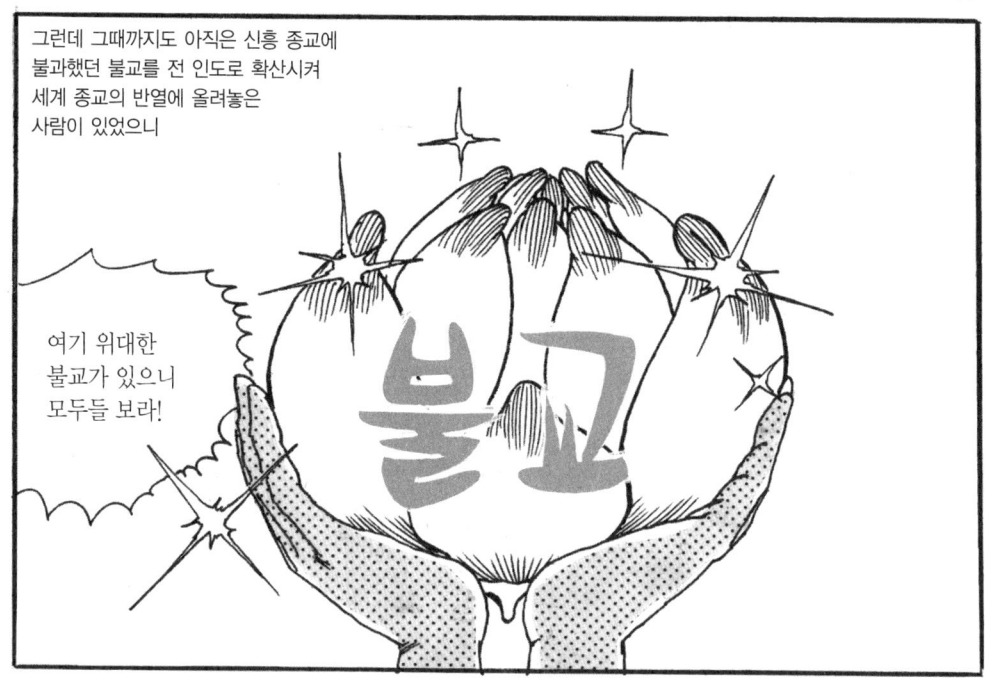

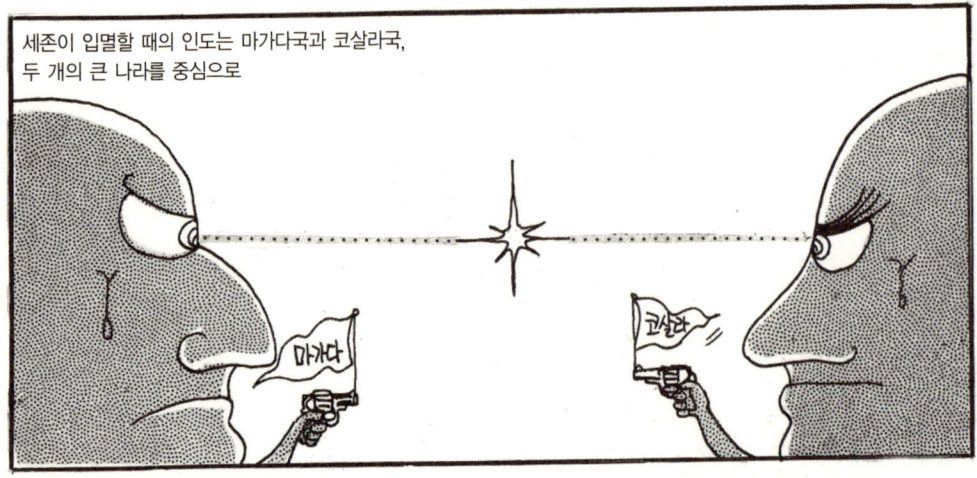

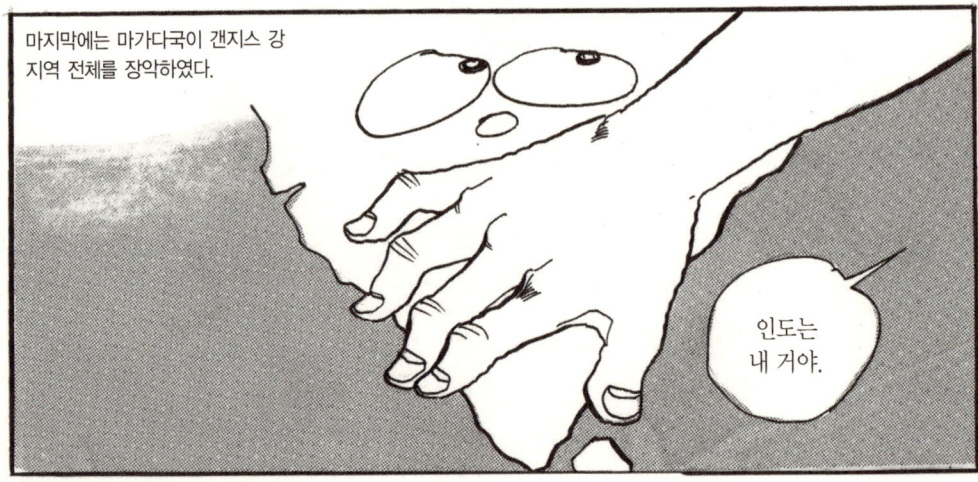

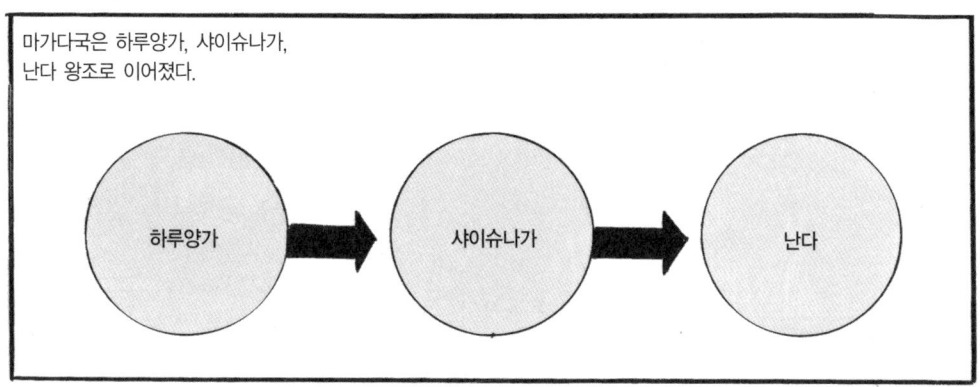

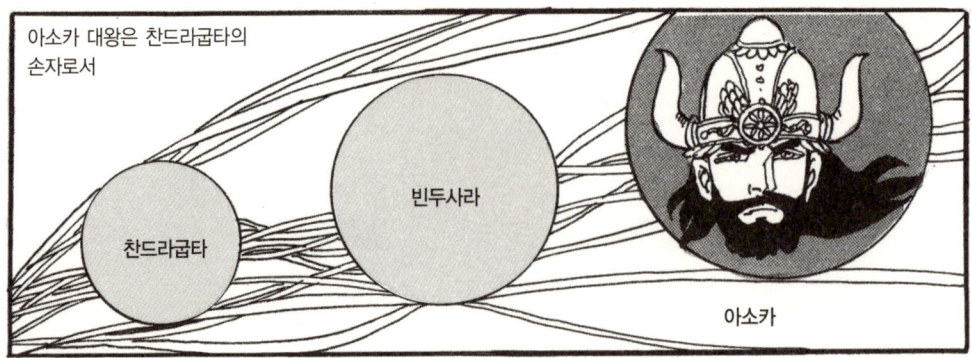

여덟 곳에 봉안되어 있던 부처님의 사리를 전국에 나누어 봉안했고

8만 4천 개의 탑을 세워 사리를 봉안하여라!

무자격 승니를 추방하여 교단을 정화하였으며

가라! 여긴 청정한 수행자들이 있을 곳이지 범법자의 은신처가 아니다.

얼렁뚱땅 얻어먹으며 살아보려 했는데 다 틀렸다.

망했다. 죄 짓고 피신해 있었는데!

법의 이념을 상징하는 석주(石柱)를 여러 곳에 세웠다.

또한 아소카 대왕은 스승인 목갈리풋다 팃사를 원조하여 인도 각지에 전법사(傳法師)를 파견했다.

특히 스리랑카에 상좌부 불교를
전한 것은 크나큰 업적이었는데

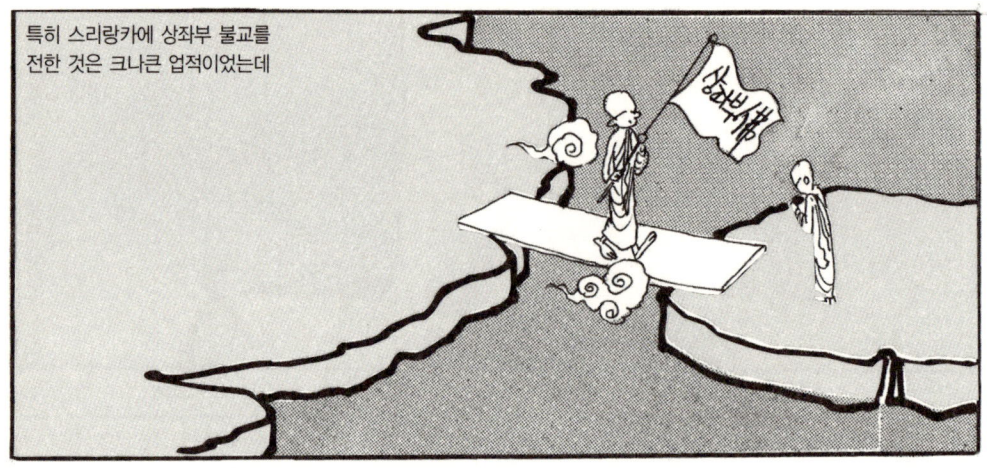

이 불교가 태국, 미얀마 등으로
전해져 오늘날의 남방 불교를
구축했기 때문이다.

과실수를 가로수로 심고, 여행자들을
위해 우물을 파고, 사람과 가축의
질병을 치료하는 등 선구적인
사회사업가이며

전륜성왕*의 역사적 실체라고까지
칭송되는 아소카 대왕. 웰스의
『세계 문화사 대계』는 대왕을
'세계 역사상 가장 위대하고 거룩한
황제'라고 기록하였다. 어쩌면
그 이상일지도 모른다.

* 전륜성왕 : 인도인이 생각하는 가장 이상적인 군주.

초기 불교에서는 다음과 같은 네 단계의 성위(聖位)를 가르칩니다.

소타팟티
한자로는 수다원(須陀洹). 이 경지에 이르면 적어도 일곱 생(生) 이내에 해탈하여 모든 고통에서 벗어난다. 고통스러운 중생의 삶에서 거슬러 나와 평화롭고 행복한 성자의 경지에 처음으로 들기 때문에 입류(入流), 또는 예류(預流)라고도 부른다.

사카다가미
한자로는 사다함(斯陀含). 이번 생애 해탈하지 못하더라도 최소한 다음 생에는 해탈하게 되는 경지이다.

아나가미
아나함(阿那含). 다시는 고통스러운 사바세계에 돌아오지 않는 경지. 죽은 뒤에 성자들이 태어나는 하늘세계에 났다가 거기에서 해탈한다.

아라하트
한자로는 아라한(阿羅漢). 지금 살아 있는 상태로 해탈한 경지. 최고의 경지로서 신들과 모든 인간들로부터 공경받아 마땅한 성자이다.

경전에 의하면 부처님에게 교화되어 아라한이 된 제자는 초기에만 1250인에 이르렀다고 한다. 그러므로 그 이후로 성자의 수가 엄청나게 불어났으리라는 것은 짐작하기 어렵지 않다. 그런데 그 수많은 성자들 가운데서도 두드러지는 10명의 제자가 10대 제자로 불리며 존경을 받았던 것이다.

쉬어가는 페이지

인도불교의 쇠멸

불교는 인도의 전통 종교인 브라만교에 반발하여 일어나
한때는 전 인도를 거의 석권할 정도로 융성했다.
그러자 큰 위기를 느낀 브라만교 지도자들은
자기들의 종교 철학을 심화하여 불교의 장점을
수용하였다. 대승불교 사상 또한 점점
브라만교(힌두교)와 유사해짐으로써
더 이상 새로운 것이 아니게 되었다.
그리하여 서서히 쇠락해 가던 불교는 12세기 말
이슬람 군대가 침공해 오면서 인도에서
완전히 자취를 감추고 말았다. 그러는 동안
상좌부 불교는 스리랑카를 거쳐
태국·미얀마 등지로 전해졌고, 대승불교는
중국·한국·일본·티베트 등으로 전해지면서
새로운 지역에서 번창하게 되었다.
한편, 인도에서도 근래에 들어 독립 인도의
초대 법무장관이었던 암베드카르 박사에 의해
신(新) 불교 운동이 일어나 50만 명 이상의
불교도가 생겨나게 되었다.

부파불교시대

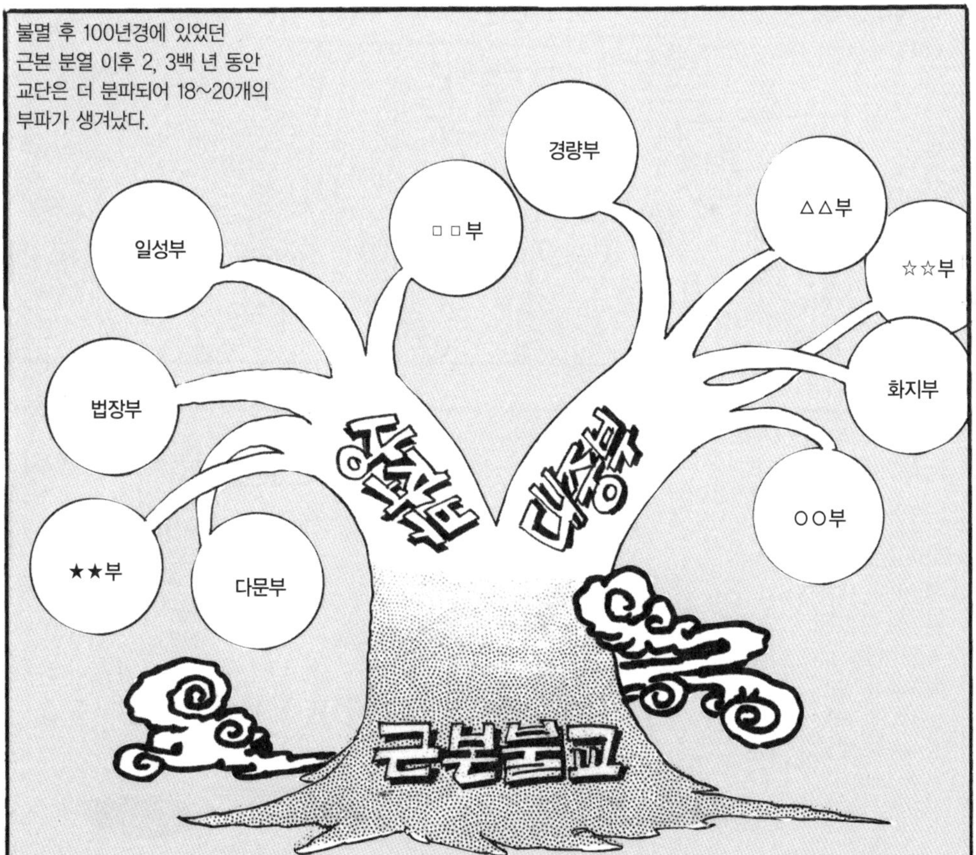

불멸 후 100년경에 있었던 근본 분열 이후 2, 3백 년 동안 교단은 더 분파되어 18~20개의 부파가 생겨났다.

- 경량부
- △△부
- ☆☆부
- □□부
- 일성부
- 화지부
- 법장부
- ○○부
- ★★부
- 다문부

상좌부 대중부

근본불교

* 아비달마(阿毘達磨) : 불법의 연구. 혹은 불교의 철학 체계, 또는 그 저술.

대승불교의 발흥

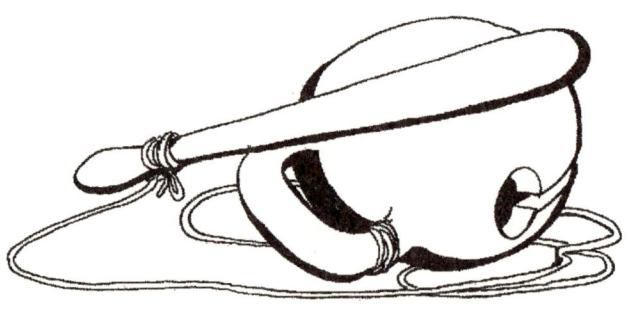

부처님은 입멸하시기에 앞서
내 장례 문제는 뜻있는 재가 신자들에게 맡기고 너희는 출가 본래의 목적을 향하여 정진하여라.

즉 수행만이 비구의 유일한 일로서, 심지어 세존의 장례를 치르는 것까지도 해야 할 일이 못 되었던 것이다.

또한 진리관이 매우 경험적이고 실질적이어서
세존은 이제 가셨으니 그분께 공양할 수는 없게 되었소. 공덕을 짓고 싶으면 살아 계신 성자나 비구에게 하십시오.
하긴…. 부처님 계좌로 가는 온라인 시스템이 있는 게 아니니까.

* 세세생생(世世生生) : 몇 번이든지 다시 환생하는 일.

이들은 기존의 부파불교를 소승이라 부르면서 스스로를 대승이라 일컬었다.

그리하여 초기에는 대승과 소승이 나란히 신봉되다가

대세는 점점 대승 쪽으로 기울어졌다.

그리고 마침내 그 동안 금기시됐던 부처님의 모습이 불상으로 조성되기에 이르렀다.

감히 부처님을 조각할 수 없으니 보리수라도 조각하자.

보리수를 조각하느니 차라리 성스러운 모습의 불상을 조각하자.

나아가 여러 보살들과 불교를 보호하는 신들이 찬탄되고 인정되면서 화려한 불교 문화가 꽃피기에 이르렀다.

대승가들의 새로운 시각

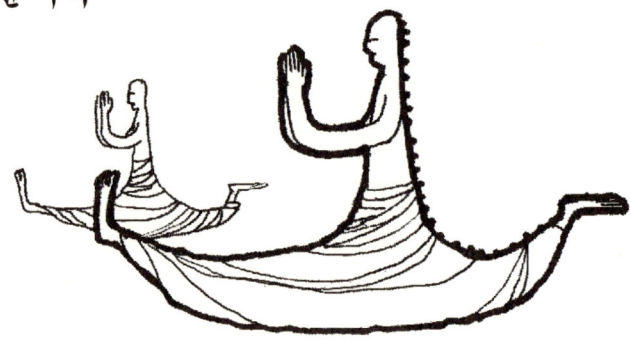

대승 경전은 오랜 세월에 걸쳐 출현했고, 그 내용도 다채로워서 그 사상을 한마디로 설명하기란 지극히 어렵다. 하지만 만화라는 특성을 살려 간략하게 도식화해 보자.

소승

이성적(실천)
개인 단위의 내적인 청정 추구(지혜)
아라한이 목표(가능하면 이번 생에)
출가자 우위
(엘리트 불교)
옛 경전 고수
(시대 상황을 고려치 않음)
좌선 중심 수행

대승

감성적(신앙)
이웃에 대한 희생과 봉사 강조(자비)
부처가 목표
(세세생생 보살행을 닦은 뒤에)
재가자 중시
(서민 불교)
새 경전 창출
(시대 상황 고려)
여러가지 수행법 개발
(염불·주문 등)

이때 진리 그 자체의 법은 모습이 없다. 만유인력의 법칙이나, 혹은 구구단이 모습이 없듯이 불법도 그 모습이 없다.

9×9=81. 이것은 숫자로 표기를 하든 안 하든 9를 아홉 번 더하면 틀림없이 81이다. 이것이 바로 법 자체이다.

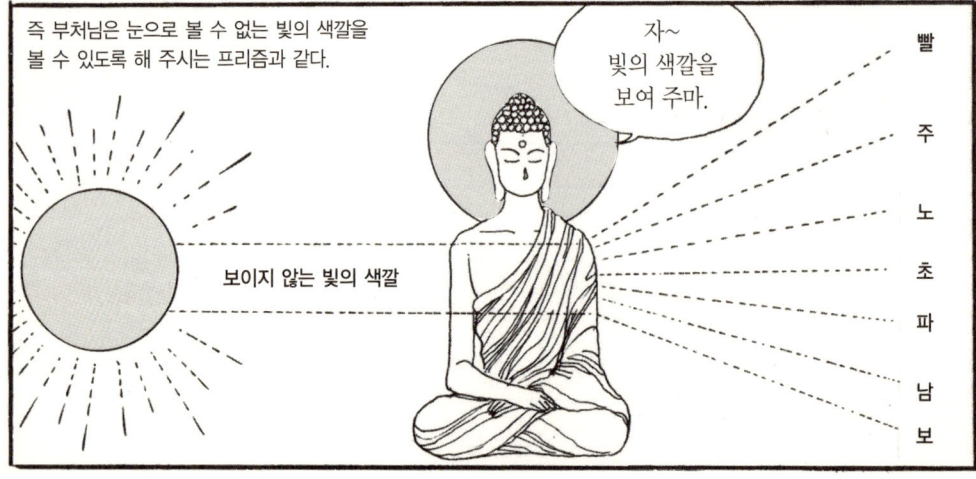

상좌부 불교와 소승가들은 주로 부처님이 말씀하신 법을 통해 진리로서의 법을 보려 했지만

대승 불교인들은 진리 그 자체의 법에 직접 다가가고 싶어 했다.

이런 자유로운 발상에 입각하여 마침내 세계 역사상 유례없는 사상의 대 파노라마가 펼쳐졌던 것이다.

유식 보시 대자대비 서원 여래장 법화 반야 삼신불 佛 정토 화엄 극락 미륵불 바라밀 주문 회상취월 밀교

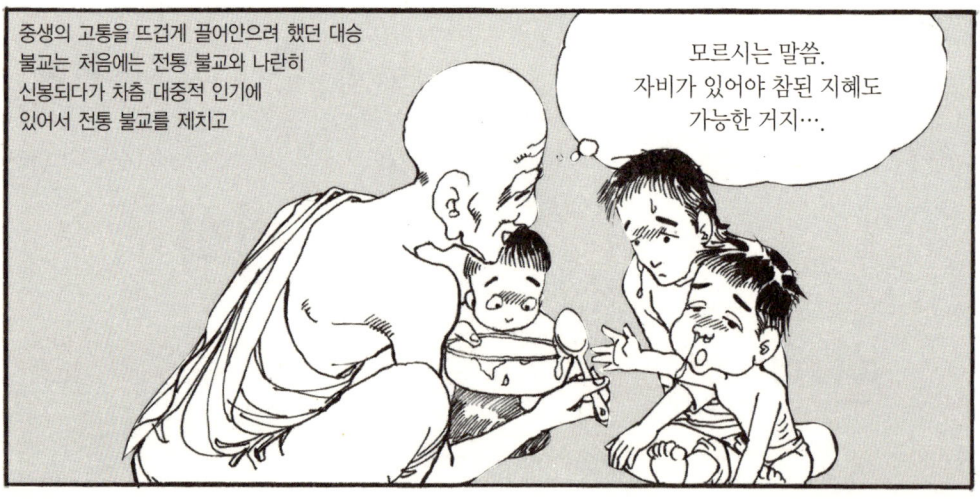

꽃피는 대승불교

대승가들은 깊은 종교 체험 속에서 부처님의 본뜻을 깨달아, 기존의 경전을 해석하거나 주석을 붙이는 데 만족하지 않고 새로운 경전을 창출하였다.

기존의 경전은 매우 짧은 글들의 모음으로 한 가르침이 대개 반 페이지 분량이었다. 물론 꽤 긴 것도 있었지만 내용이 아주 소박하고 딱딱한 데 비해

눈, 귀, 코, 혀, 몸, 뜻을 육근이라 하고…

너무 심오하지 못하다. 부처님의 뜻은 이렇게 단순하지 않아.

새로 씌어진 경전들은 웅대한 스케일을 지니고 있었다.

가도 가도 끝이 없는 경전의 길 나그네길

헉헉...

심오한 사색에 바탕을 둔 화려한 문체에 뜨거운 신심을 고취시키는 내용이 넘쳐흘렀고

희유하옵니다, 세존이시여! 여래께서는 일체 중생을 잘 부촉하시고…

선남자***야, 무릇 있는 바 모든 법이 있는 바가 아니니, 어찌하여 그런가 하면…

그때 백천억 천(天), 용(龍), 아수라와 간다르바*, 라훌라**, 인비인(人非人)이 있었으며…

세존께서 백호****로부터 시방 삼세에 큰 광명을 놓으사…

하나의 먼지 가운데 시방 세계가 머금었고, 또한 낱낱의 먼지들 속에도 그러하나니….

* 간다르바 : 건달바. 부처님의 설법시 음악으로 찬탄하는 신.
** 라훌라 : 일식과 월식을 일으키는 신.
*** 선남자(善男子) : 불교를 신봉하는 남자.
**** 백호(白毫) : 부처님 두 눈썹 사이에 있는 희고 빛나는 가는 털.

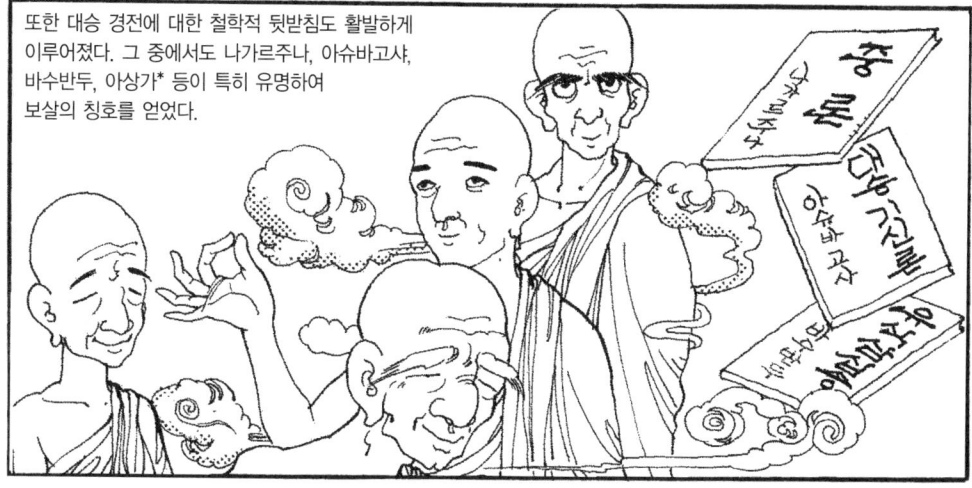

* 차례로 용수(龍樹), 마명(馬鳴), 세친(世親), 무착(無着)이라고도 불린다.

3
중국불교

유교와 도교 사이에서

세상을 멀리하는
초연한 삶을 이상으로
여기게 되었는데

이들의 마음을 위로해 준 것이
도가와 불교사상이었다.

허어.. 이거야
대마가 잡혔군.

쿠마라지바 · 법현 · 혜원

한편 중국 북방에서 여러 이민족이 세력 다툼을 하는 가운데 장안이 수도인 후진의 요흥왕은 재위 기간(393~417) 동안 불교를 크게 후원하였다. 그는 승려 3천 명을 공양한, 당시로서는 파격적인 왕이었다.

요흥왕

이제부터 스님들께서 궁중을 자유롭게 출입할 수 있도록 하겠소.

이런 분위기 속에 유명한 역경승* 쿠마라지바**가 활동하였다. 그는 성품이 매우 정직, 관대하였고 인간적이고 근면성이 돋보인 보기 드문 인물이었다. 요흥왕이 그를 모시는 데는 여러 우여곡절이 있었다.

★구마라습★

* 역경승(譯經僧) : 경전을 번역하는 승려.
** 한자어로는 구마라습(鳩摩羅什).

* 구법승(求法僧) : 불법(佛法)을 구하기 위해 길을 떠난 승려.

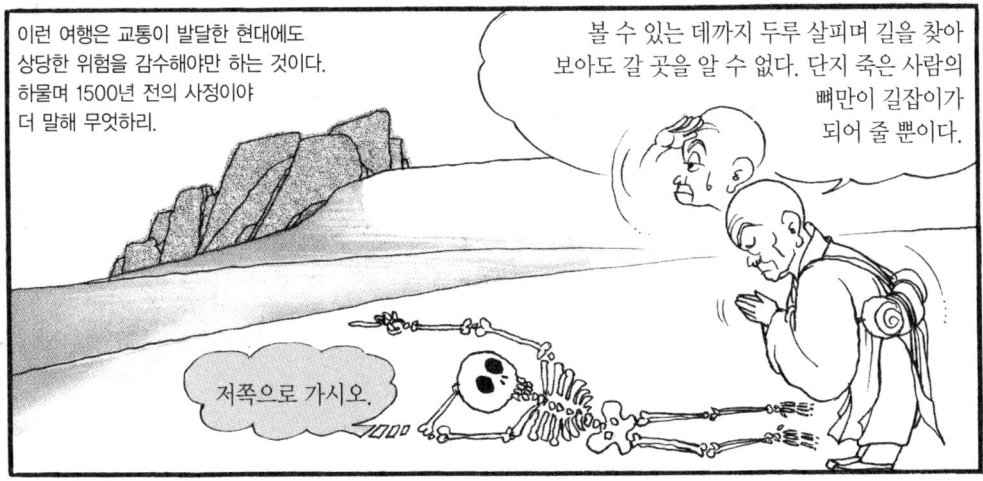

같은 시기에 중국 남부에서 가장 유명했던 스님은 혜원이었다. 그는 쿠마라지바로부터 동방의 성인이라는 칭송을 받은 대 도인 도안 스님에게 경전을 배웠다.

도안 스님에게 반야경 강의를 들은 혜원은

그것은 이러이러 하니라.

아! 이제야 공자, 노자의 사상은 한낱 껍데기에 불과함을 알았다.

도안 스님의 가르침을 받은 뒤 강서의 여산에 평생 동안 머물며 30년간 밖에 나오지 않았다.

그러던 그가 어느 때 유교의 거장 도연명, 도교의 거목 육수정과 함께 즐거이 담론하다가 깜박 잊고 호계 다리를 건너게 되었다.

이런! 나도 모르게 그만 호계를 건너고 말았군!

헛허허.

호계 위에 서서 웃는 세 사람은
그 뒤로도 많은 시인, 화가들의
예술적 주제가 되었다.

쿠마라지바에게
동방의 호법 보살이라는
찬사를 받은 혜원은

'수행자는 왕에게 예경하지 않는다'고
당당히 선언했던 용기 있는
스님으로 명성을 떨쳤다.

남북조시대

당시 중국은 북쪽은 주로 이민족이, 남쪽은 한족이 지배하고 있었다.

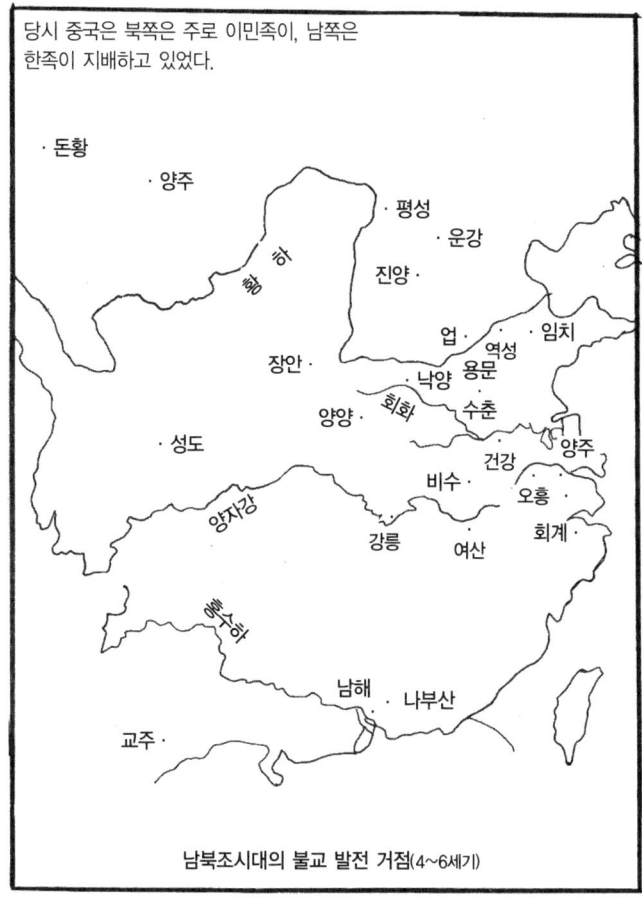

남북조시대의 불교 발전 거점(4~6세기)

중국이 남북으로 나뉘어 다스려지던 때 남쪽의 주인은 자주 바뀌었다. 그러는 동안에도 남쪽에서는 불교를 장려하여 황제를 비롯해 귀족층까지 불교 신자가 많았다.

양무제

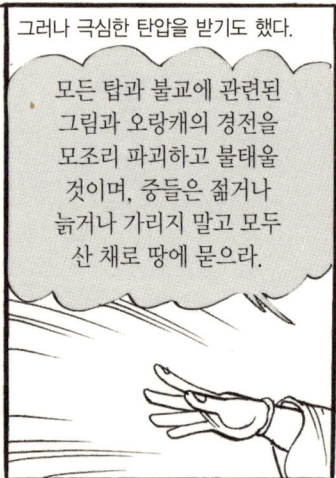

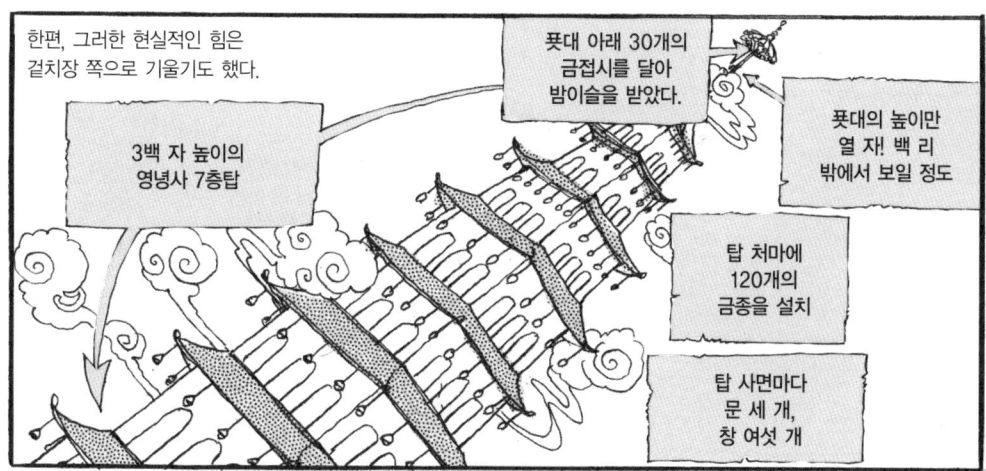

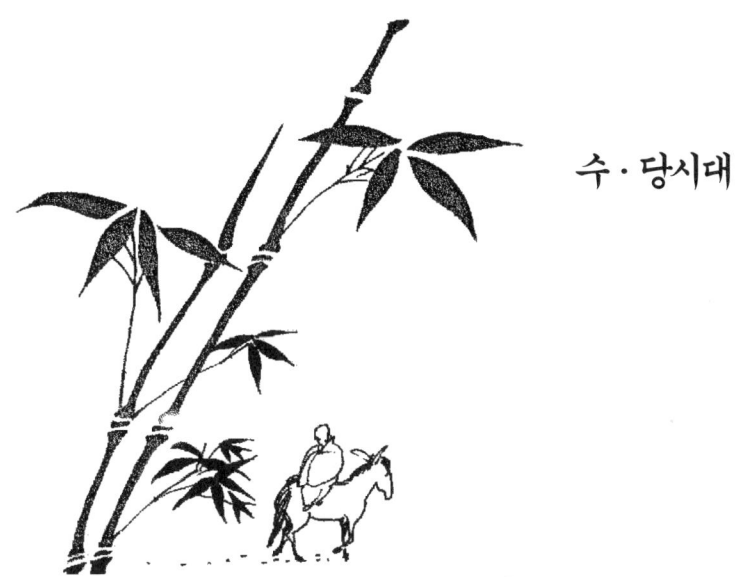

수·당시대

불교는 북주의 무제에 의해 또 한 번 극심한 탄압을 받았지만(574년)

불교를 금하노라!
불교 경전을 파괴하고
비구, 비구니를 환속시키고
사원 재산은
몰수하노라!
아울러 도교도
금하노라!

그런 가운데에도 불씨는 꺼지지 않고 살아 남았다.

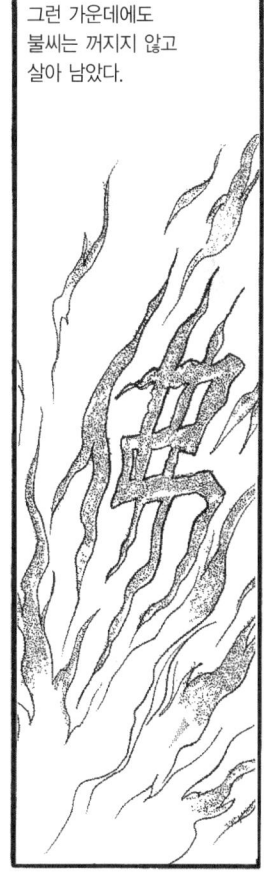

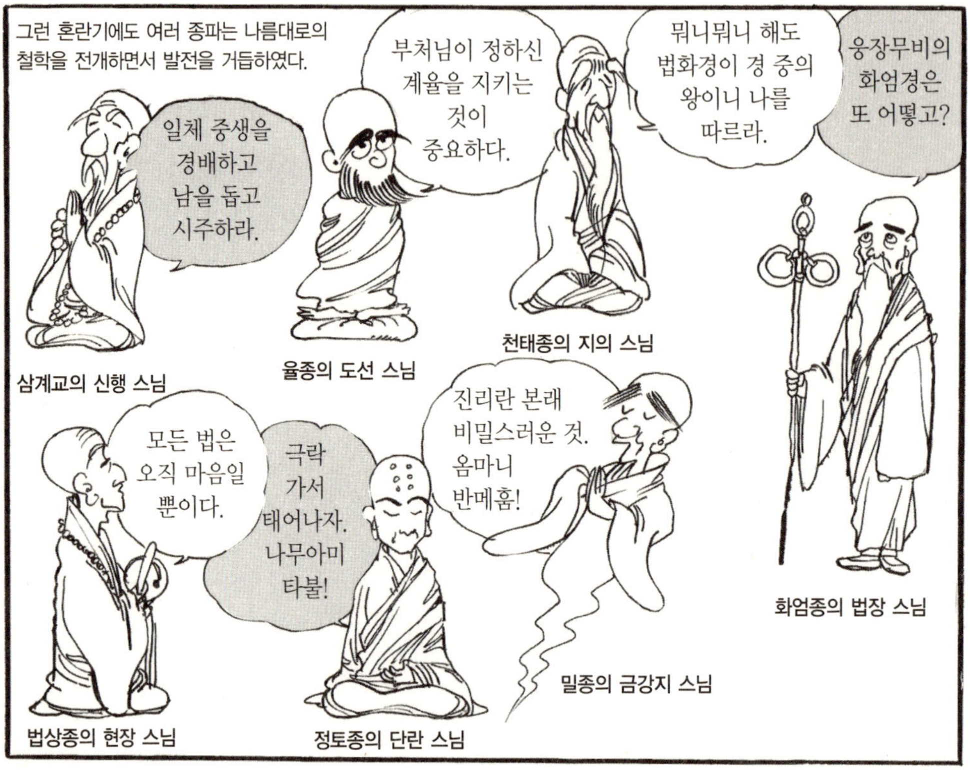

그런 혼란기에도 여러 종파는 나름대로의 철학을 전개하면서 발전을 거듭하였다.

일체 중생을 경배하고 남을 돕고 시주하라.
— 삼계교의 신행 스님

부처님이 정하신 계율을 지키는 것이 중요하다.
— 율종의 도선 스님

뭐니뭐니 해도 법화경이 경 중의 왕이니 나를 따르라.
— 천태종의 지의 스님

웅장무비의 화엄경은 또 어떻고?
— 화엄종의 법장 스님

모든 법은 오직 마음일 뿐이다.
— 법상종의 현장 스님

극락 가서 태어나자. 나무아미타불!
— 정토종의 단란 스님

진리란 본래 비밀스러운 것. 옴마니 반메훔!
— 밀종의 금강지 스님

그중에도 중국불교에 지대한 영향을 끼친 지의 스님은 평생을 천태산에 머물면서 드높은 자비심으로 포교하였고, 불교학에 대단한 권위가 있어서 황제마다 적극적으로 후원하였다.

천태산 부근에서 걷히는 세금은 지의 스님 뜻에 따라 집행토록 하라!

또 방대한 양의 불교 경전을 한 줄에 꿰는 교판(敎判)으로 이름을 떨쳤다.

부처님께서는 다섯 시기에 걸쳐서 각각 다른 수준의 중생에게 설법하셨기 때문에,

얼핏 보기에 서로 모순되는 가르침이 경전에 나타나게 된 것이니라. 즉 깨달음을 얻으신 직후에 화엄경을 설하셨고….

선이란 무엇인가

당나라 때에 이르러 불교는 점차 중국에 자리를 잡는데, 그 힘은 주로 선(禪)에서 분출되었다.

그런데 선은 인류의 문화 가운데 가장 이해하기 어려운 것 중 하나다. 카톨릭의 저명한 저술가 토머스 머튼 신부의 말을 인용해보자.

선은 신비하고도 난해하다. 선에 관해 많은 책이 나왔지만 그것을 읽어보아도 일반인들은 얼떨떨할 뿐이다.

진기한 일화와 별난 사건, 은밀한 대화, 비논리적인 유머, 모순과 당착, 횡설수설, 기이한 행동들로 가득 찬 선!

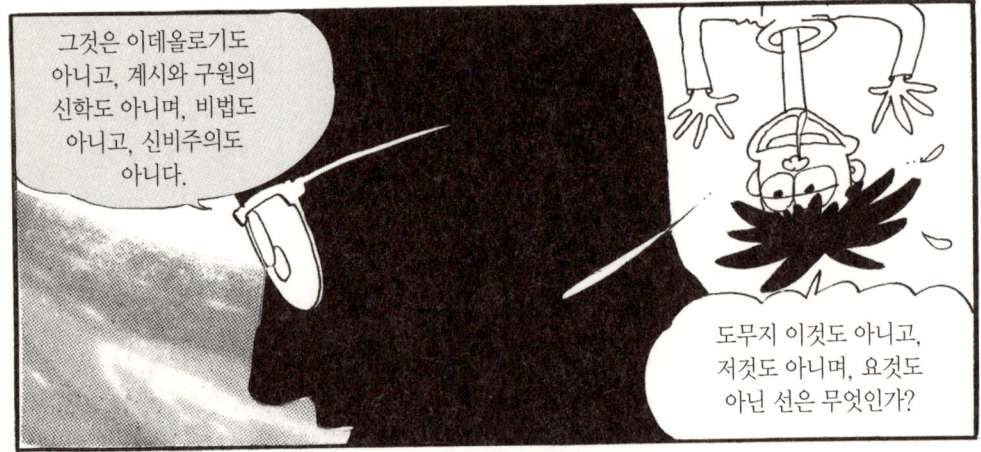

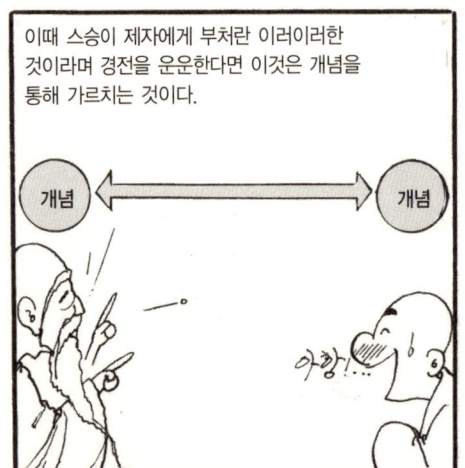

* 선사 : 선에 통달한 큰스승.

전설적인 큰스승 달마대사

達磨

달마(達磨)

달마 대사는 인도 향지국의 셋째
왕자로서 스님이 되어 인도에서도
명성이 높았다. 전설에 의하면
석가모니 부처님에게 진리를 전해 받은
28번째 스승이라고도 한다.
양나라 무제가 통치하던 526년경
중국으로 건너와 선을 최초로 펼쳤으므로
중국 선종의 시조라 할 수 있다.

달마 대사의 행적은 놀랍고 기이한 것들이 많다.
그중에서 몇 가지 일화를 소개해보자.

달마 대사가 처음으로 양무제를 찾아왔을 때 무제가 물었다.

짐이 즉위한 이래로
1천 곳에 절을 짓고
1천 개의 탑을 쌓았으며
수많은 스님을 후원해
그들이 도를 펴도록
도왔소.

흐음~

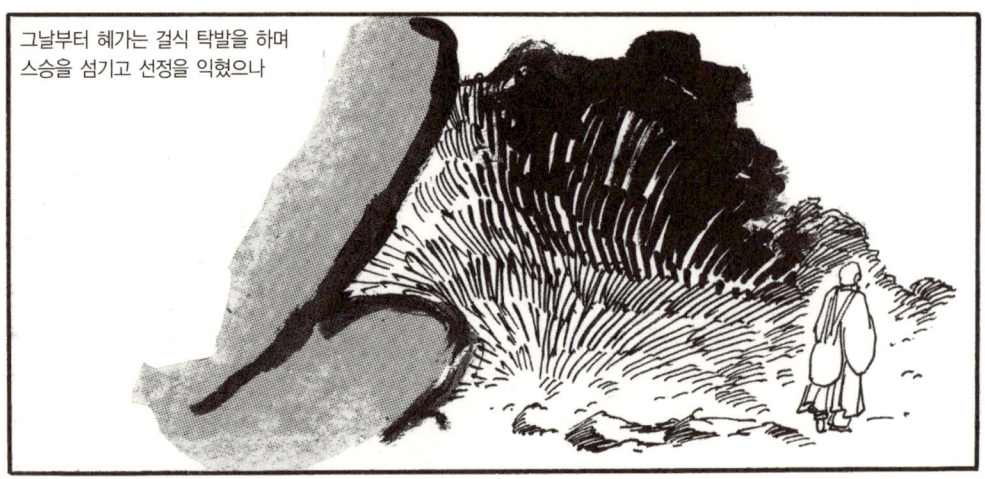

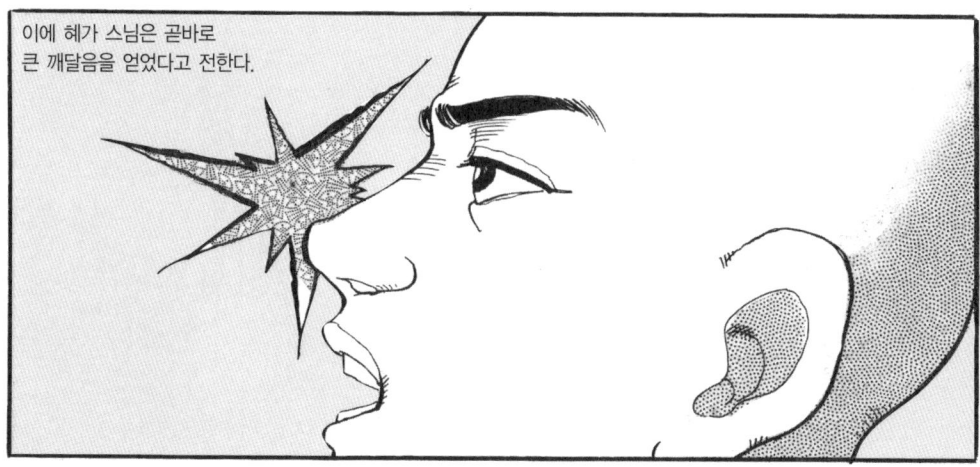

지금까지 전해 오는 달마 대사의 모습은 점잖다거나 혹은 인자한 모습과는 거리가 먼 흡사 산적 같은 모습을 하고 있다.

그러나 달마는 본디 그렇게 흉물스런 모습이 아니었다고 한다. 달마가 중국 땅에 처음 발 디뎠을 당시만 해도 미끈한 미남자에 품위 넘치는 스님이었다.

그런데 어느 곳에 이르렀을 때 거대한 구렁이가 죽어 있는 것을 발견하고

허어~ 이렇게 큰 구렁이는 처음 보네. 그런데 이놈이 죽어 자빠져 있으니…

뱀을 치우기 위해 육신을 근처에 벗어놓고 정신은 구렁이의 몸 속으로 들어갔다.

너무 덩치가 커서 옮기기 힘드니 내가 구렁이 몸으로 들어가서 옮기자.

혜가·승찬·도신·홍인

인도에서 중국으로 건너온 기괴한 용모의 달마 대사. 그에 의해 선(禪)이 시작되었으므로 달마는 선의 첫스승, 즉 초조(初祖)가 된다.

흐흥~ 내가 바로 선의 첫 할아비다.

달마 대사로부터 의발을 물려받아 선의 두 번째 스승이 된 혜가 스님은

二祖

어릴 적 이름이 광이었다.

光

6조 혜능대사

세계 종교 사상 그 유례가 없는 독특한 정신적 향기를 내뿜는 선. 선의 진정한 창시자는 여섯 번째 스승인 6조 혜능(慧能) 스님이다.

홀어머니 밑에서 가난하게 자란 혜능 소년은 어느 날 스님이 외는 금강경 한 구절을 듣고 문득 마음이 환히 밝아지는 종교적 체험을 얻었다.

응무소주 이생기심 應無所住而生其心

응당 머무르지 말고 마음을 낼지어다.

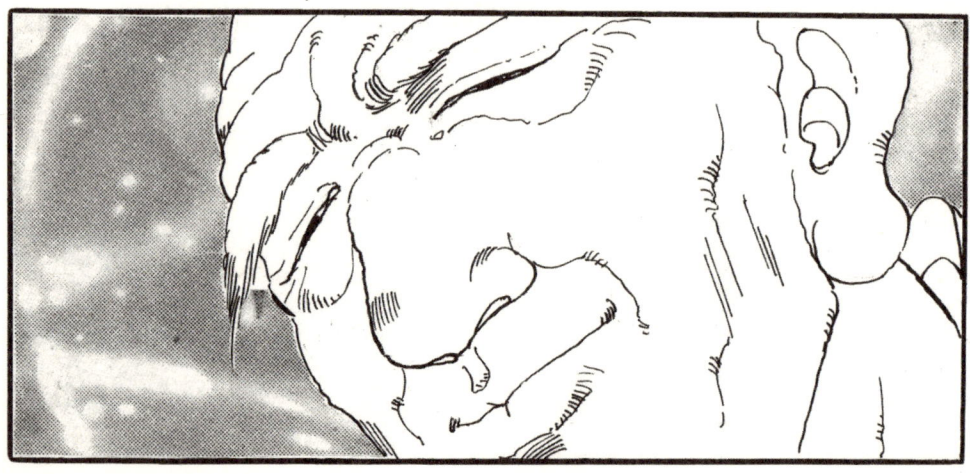

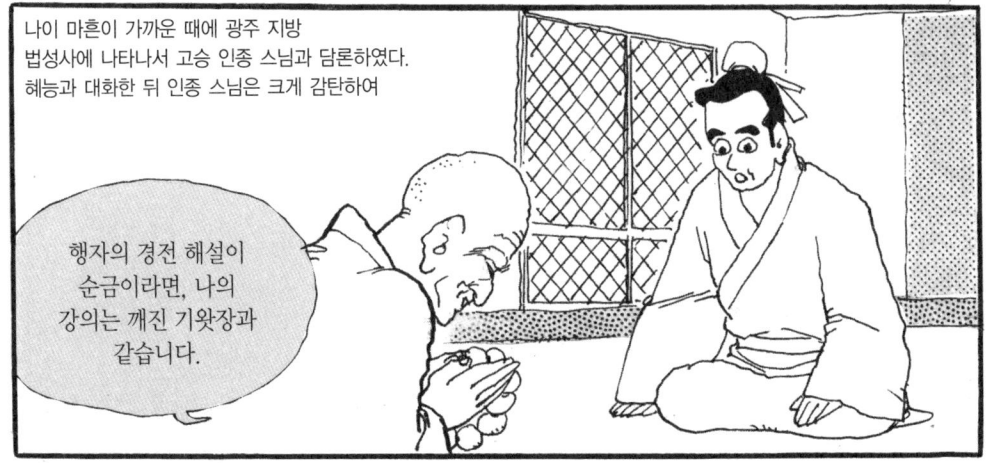

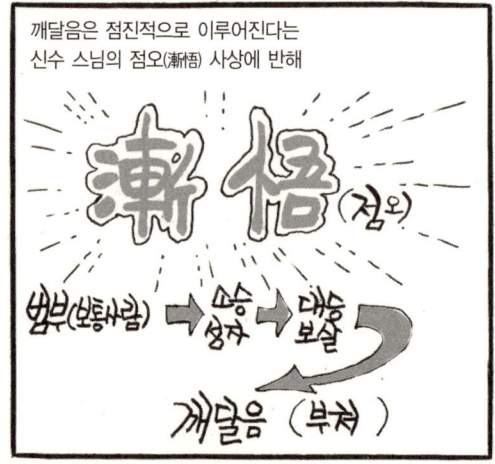

* 조계종은 이 지명에서 이름을 딴 것임.

하지만 선종은 불교의 깨달음에 본질을 둔 데다가 중국인의 기질과 딱 맞아떨어졌으므로 삽시간에 중국불교의 중심을 차지하였고, 그 힘은 한국과 일본까지 넘쳐흘렀다.

혜능 대사의 가르침은 『법보단경』이라는 이름으로 지금까지 남아 크게 존중되고 있는데, 중국인이 지은 불교 서적 중 경이라 불리는 것은 오직 이 한 권뿐이다.

와~ 그렇다면 부처님 말씀과 같다는 거네?

중국이 배출한 석학 우징슝 박사는 혜능 대사를 공자·노자·장자·맹자에 비견했지만, 불교 측에서 보면 오히려 그 이상이라 할 수 있는 거봉 중의 거봉이 6조 혜능 스님이시다.

중국이 배출한 위대한 천재들.

아니다, 이거다!

선(禪)의 계보

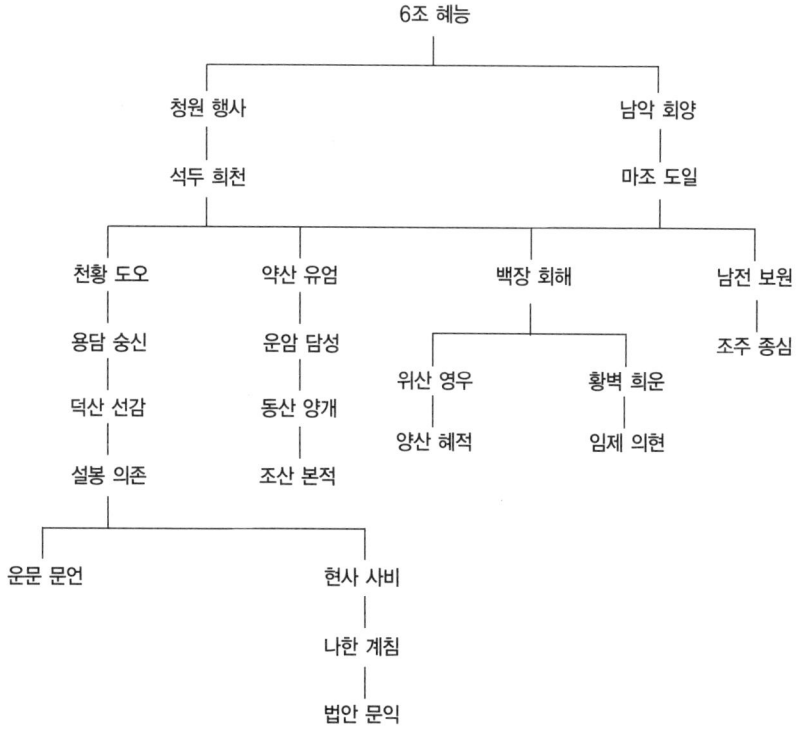

임제 선사

선에 관한 기이하고 놀라운 이야기는 무수히 많다. 또한 선은 워낙 독특해서 설명을 덧붙이면 사족이 될 뿐이므로 가장 좋은 방법은 있는 그대로 보여 주고 판단은 각자에게 맡기는 것이다.

수많은 선사 중에 우리나라에 큰 영향을 준 임제(臨濟) 선사를 중심으로 선을 살펴보자.

지도하는 방식이 약간 과격하여 임제 장군이라는 별명이 있었죠.

* 방장 : 참선을 지도하는 사원의 최고 선사, 또는 그 선사가 머무는 방.
** 방(棒) : 몽둥이.
*** 업장 : 몸과 마음을 가리고 있는 과거에 행한 좋지 못한 행위의 세력.

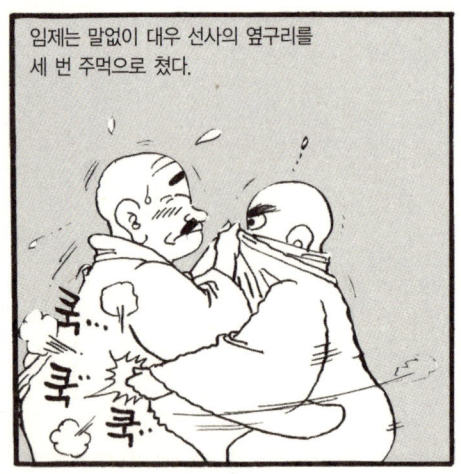

부처님께서 세 곳에서 마음을 전하시다*

앞에서도 언급했듯이 선에서는 경전이나 언어를 거치지 않고 곧바로 사물과 자기 자신을 가리켜 그 본성을 통찰하여 깨달음을 이루고자 한다.

直指人心 직지인심
곧바로 사람의 마음을 가리키다.

見性成佛 견성성불
성품을 직접보아 깨달음을 이룬다.

그러다 보니 자연히 경전을 떠난 도리를 이야기하게 되었고, 언어와 문자가 없는 이치를 강조하게 되었다.

敎外別傳 교외별전
가르침(경전) 밖의 따로이 전해져 온 것으로서

不立文字 불립문자
언어와 문자에 의존하지 않는다.

* 한자로 삼처전심(三處傳心)이라 함.

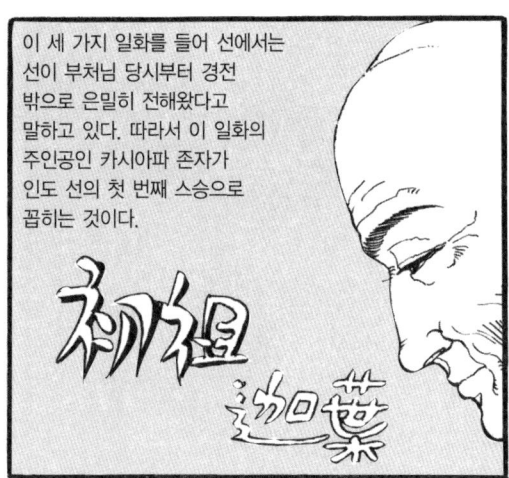

대륙에서도 꽃은 지고

* 자의 대사(紫衣大師) : 고관이 입는 옷 색깔(자주색)의 승복을 입는 권위 있는 스님이라는 뜻.

쉬어가는 페이지

자유 중국 출신 자항(慈航) 대사는 1952년 58세 때 문을 닫아걸고 정진하다가 2년 뒤에 앉은 채 입적하였다. 그때 유해를 큰 항아리에 앉혀 뒷산에 묻었다가 3년 뒤에 파 보라고 당부하였는데 3년째 사정이 있어 파지 못하였다. 그러자 여러 스님에게 현몽하여 파 보도록 지시하므로 입적 5주년 되던 해에 파 보니 온몸이 유리처럼 변한 채 이목구비가 분명하고 머리카락과 수염이 자란 상태로 전신이 몽땅 사리가 되어 있었다. 놀라고 환희에 차 금을 입혀 법당에 봉안하니 이름하여 육신 보살이라 한다. 자유 중국에는 청엄, 영묘 등 두 분의 육신 보살이 더 있다.

생존시의 자항 대사 모습

자항 스님 금신 보살상

4 한국불교

불교가 들어오다

* 전진(前秦)의 왕 부견이 순도(順道) 스님을 시켜 불상과 경문을 고구려에 보냈다.

세속에서 도를 이룬 부설 거사

이와 같이 전래된 불교는 점차 이 땅에 뿌리를 내려

인도　중국　한국　일본

통일신라의 찬란한 문화를 이루는 바탕이 되었다.

불교: 내가 원래 뿌리여~

유교: 그럼 난?

불교와 함께 우리 문화의 또 다른 뿌리인 유교의 예술이 시·서·화 등을 중심으로 발전한 데 비해

신라의 예술품은 종·불상·탑·조각 등에서 탁월하였다.

문화 예술을 그 시대 정신의 구상화라고 볼 때, 그 시대 사람들의 마음을 알려면 그 시대의 예술품을 보면 되는데,

그 예술의 수준으로 보아 한국불교의 황금기는 삼국시대와 통일신라 시대라고 하겠다.

203

지극히 수려하면서도 도를 넘쳐 지나치지 않고,
절제된 안정감을 유지하되 투박하지 않은
유려한 선의 흐름을 낳은 신라인의 마음!

일개 석공이나 종장(鍾匠)의 정신이 이토록
부드럽고도 힘찼을진대 고승들의 경지야
말해 무엇하리오?

원효 대사님이야
사람이 아니라
천신입죠.

고승은 물론, 평범한
생활인에게도 도가 깊이
뿌리내렸던 신라시대의
분위기를 부설 거사 이야기를
통해 음미해보자.

그것이 알고싶다······

* 도반 : 함께 수행하는 벗.

원광법사의 세속오계

이차돈의 순교로 불교가 공인된 이래, 신라에 처음으로 등장한 고승은 원광(圓光) 법사였다.

원광은 어려서부터 유가·도가 등 여러 경전과 고전을 탐독하였고, 도량이 크고 넓었다.

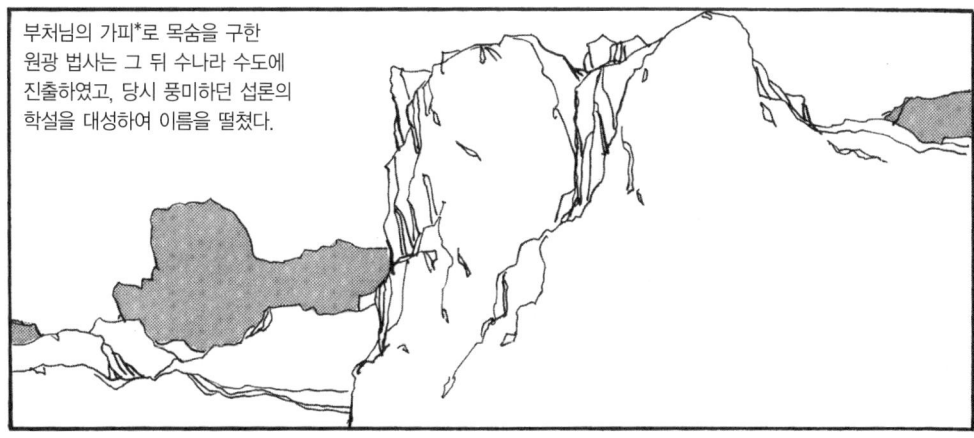

* 가피(加被) : 불보살이 자비를 베풀어 중생을 이롭게 함.

* 일륜(日輪) : 해 모양의 둥근 바퀴.

서기 640년,
법사는 단정히 앉은 채
세상을 떠나시니 법사의 세수
99세였다.

금강계단을 만든 자장 율사

* 포살 : 자기의 잘못을 참회, 고백하는 의식.
** 진신사리(眞身舍利) : 부처님의 사리를 다른 사리와 구별하여 부르는 말.

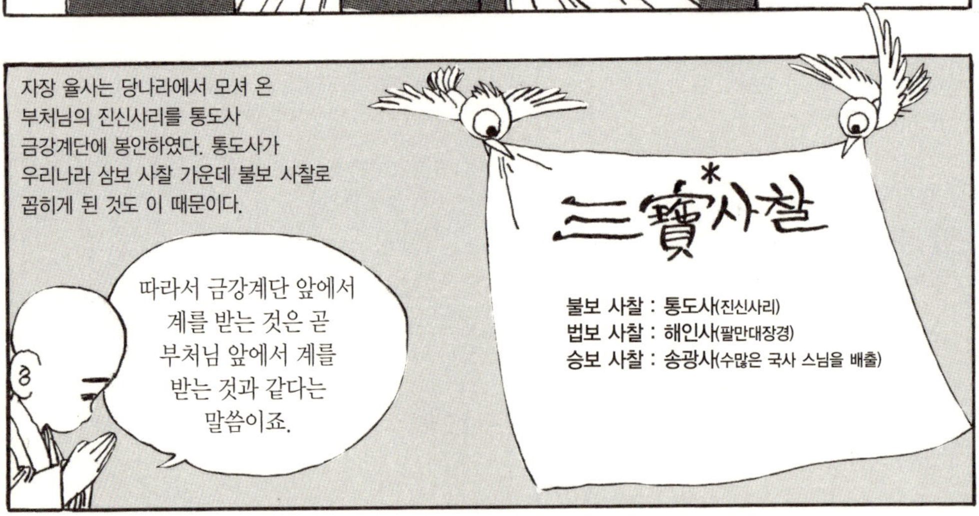

두 스승, 원효와 의상

원효 대사는 우리나라 최고의 불교 사상가로 그 이름이 높다.

속명은 설서당
(617~686년)

대사는 진평왕 39년(617년)에 불지촌에서 태어났다.

불지촌이면 부처님 땅이잖아? 그러니 고승이 안 될 수가 없었군.

일찍이 출가하여 불교 전반을 두루 공부하다가 34세 때 후배 승려 의상과 함께 당나라로 유학을 떠났으나 요동에서 고구려 군사에게 붙들렸다.

그기 무신 소린교? 승려복색 보면 모르오? 우린 당나라로 유학가는 승려들이오.

남자들이레 신라첩자지비?

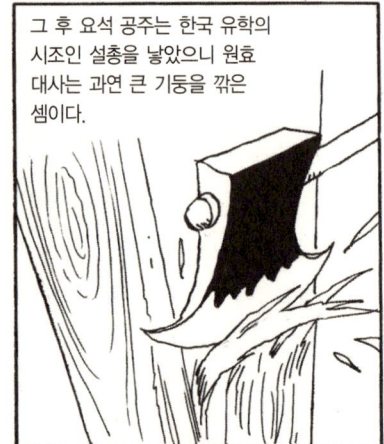

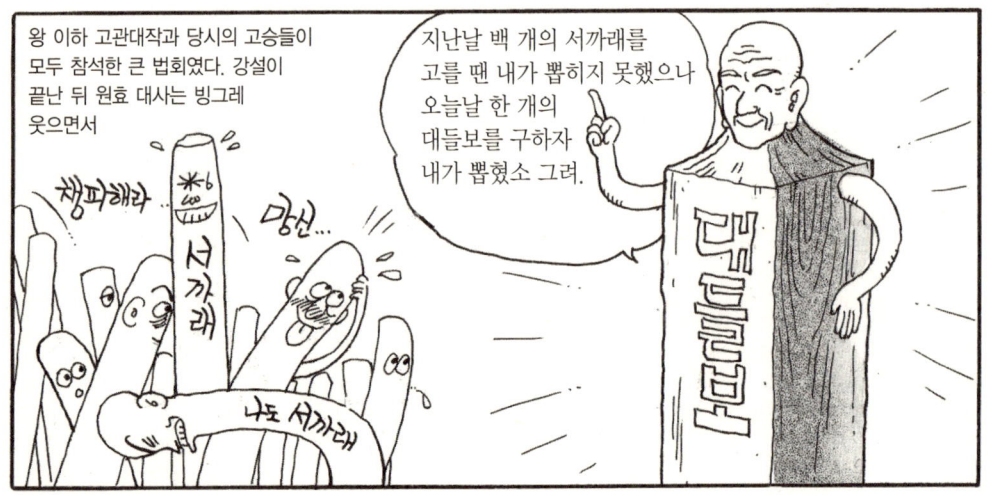

그로부터 70세에 입적할 때까지 정력적으로 경과 논을 해설하고 주석하였는데, 특히 『대승기신론』의 주석은 세계적으로 유명한 걸작이다.

한편 원효 대사와 헤어진 의상 대사는 중국에 들어가 화엄종의 두 번째 큰스승인 지엄 화상* 문하에서 7년간 공부하였다. 화엄종의 법통은 지엄 화상으로부터 법장으로 이어졌는데 법장과 의상은 지엄의 탁월한 두 제자였다.

내 새끼들.

법장 스님은 의상 스님을 선배로서 매우 존경했죠.

특히 의상 스님의 화엄학은 일본에 전해져 크게 존중받았고

지금도 의상 스님과 관계 있는 선묘사가 일본 교토에 있지요.

현재 불교 의식이 있을 때 널리 암송되는 법성게도 의상 대사의 작품이다.

『사물의 본 성품은 구별없이 통하여 두 모양이 없고』

* 화상 : 스님을 높여 부르는 말.

스님을 그리워하다가 죽어서 용이 됐다는 선묘(善妙) 낭자의 전설은 스님의 청정했던 자세를 말해 주며

왕이 논밭과 노비를 하사했는데도 거절한 일 역시 스님의 인품을 짐작케 한다.

저는 이 세상을 집으로 삼고, 하루 세 때 발우 밥으로 족합니다.

흐흠~ 매우 고상하신 태도요.

빼어난 절경인 강원도 낙산사 홍련암에서 관세음보살을 친견하였다는 의상 대사. 대사는 신라 화엄종의 시조로서 영원히 이름을 남겼다.

승랑·원측·혜초·도의

삼국시대 불교의 수준은 중국에 뒤지지 않았다. 고구려 출신 승랑 대사는 중국에 갔을 때 길장 대사로부터 보살이라 존경을 받을 정도였다.

나는 양무제의 스승이지만 내 스승은 승랑 대사라오.

흐흠…! 그렇다면 내가 황제의 할아버지 스승?

또 신라의 원측 법사는 유식학(唯識學)의 대가로서 현장·규기 대사와 함께 그 분야에서 탁월한 학문적 성과를 남겼고

유식학은 불교의 심층 심리학이라 할 수 있죠.

혜초 스님은 『왕오천축국전』이라는 기행문을 남겨 8세기경의 동양 문화사 연구에 크게 기여하였다.

알고 보면 우리가 세계에 자랑하는 석굴암 본존 불상의 아름다움이나 불국사의 석가탑, 다보탑의 빼어난 조형미 또한 이런 삼국시대 불교의 높은 경지를 반영하는 것이다.

송나라에 떨친 명성, 의천

신라에 이어 고려를 창건한 태조 왕건.

그는 도참설을 신봉하는 한편 불교에도 신심이 깊었다.

"예, 아버님"

"내가 죽은 후에도 연등회와 팔관회는 꼭 열도록 하여라."

불교는 새 왕조 고려를 지탱할 책임을 지긴 했으나 점차 기복*화되어 온 불교로서는 그만한 힘이 없었다.

"부처님! 복좀주이소"
"복 좀 줘요."
"치아라! 부처님이 복덕방이가?"

* 기복(祈福) : 깨달음보다는 현세적인 이익을 추구하는 것. 진정한 진리 추구와 상충된다.

모든 종파의 차별을 넘어서 불법을 한곳으로 통일시킨 것이
원효 대사요, 원효야말로 의천이 가장 존경하던 스승이었다.
의천은 원효 대사의 숭고한 정신을 송나라에 가서
몸소 실천했던 것이다.

명민하고 덕 높은 스님에게 감탄한 송나라
고승들은 앞다투어 스님을 찬양하였고, 특히
정원 법사와는 사상적으로 통했으므로
큰 찬사를 받았다.

당·송 팔대가로 유명한 소동파까지도
대사를 극구 찬양하는가 하면 양걸은
직접 대사를 모셨다.

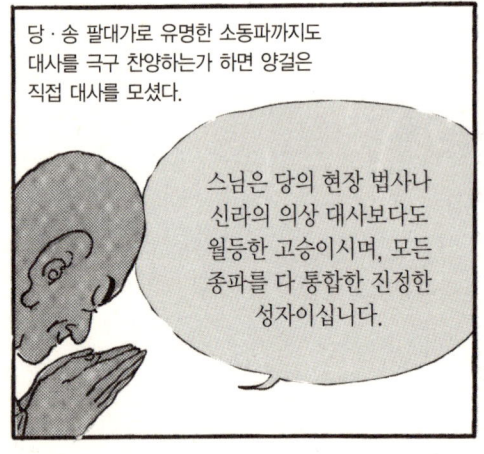

또한 요나라의 황제는 경전과 약을 보내 오는 등
중국 일대가 환영과 찬탄의 홍수에 파묻힐
지경이었다.

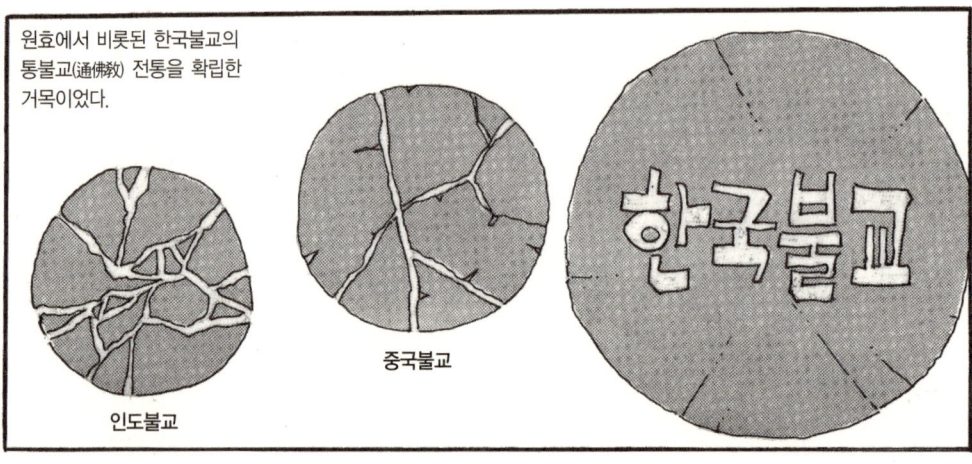

고려의 큰스승, 지눌

전남 승주의 송광사는 고려시대 16국사를 배출한 유서 깊은 사찰인데, 그 첫 번째 국사가 보조 국사 지눌로, 한국이 낳은 세계적인 사상가이자 선사이다.

여덟 살의 어린 나이에 승려가 되어 25세에 승선(시험)에 합격하였으나, 보장된 출세의 길을 버리고 열심히 참선 정진한 끝에 종교 체험을 얻었다.

시험이 문제가 아니라 수도가 문제로다.

당시 불교계는 경전을 중심으로 하는 교(敎)와 경전을 통하지 않고 직접 깨달음을 추구하는 선(禪)이 대립하였는데,

교다! 선이다!

* 조사(祖師) : 선을 지도하는 큰스승, 특히 달마 대사를 가리킴.

문득 이제까지의 모든 의심이 일시에 녹아내리는 큰 깨달음을 얻었다.

내 그 동안 생각은 해탈에 두었어도 몸과 마음은 원수와 함께하듯 괴로웠다. 그러나 이제 원수도 없고 걸림도 없이 일체가 안락해졌다.

이때부터 목우자* 지눌 스님은 성자로서의 기품과 힘이 넘쳤다고 한다.

그 뒤 스님은 송광사로 옮겨 거기에서 수많은 제자들을 길러내고, 열정적으로 저술도 하였다.

* 목우자(牧牛子) : 소 치는 사람이라는 뜻으로 지눌의 자호.

* 습기(習氣) : 몸과 마음에 익힌 번뇌의 흔적.

특히 특정한 화두(주제)를 가지고 의심하면서 수행하는 간화선은 보조 국사와 제자인 혜심을 통해 정착되었다. 태고, 나옹, 서산, 경허, 성철 등 이후 한국의 큰스님들은 모두 이 화두선을 통해 대선사가 되었다.

경전을 연구하는 교학 불교를 참선·수행하는 불교로 끌어올린 결정적인 공로자 지눌은 세수 53세 되던 해 새벽에 목욕재계하고 법당에 대중을 모은 뒤에 제자들과 일문 일답을 나누다가

육환장을 내리치며 마지막으로 말씀하신 뒤

일체의 진리가 이 가운데 있느니라!

그대로 앉은 채 숨을 거두니 죽음을 초월한 성자다운 임종이라 하겠다.

나라에서는 대사의 큰 덕을 기려 불일 보조 국사라는 시호를 내렸다.

佛日普照國師

부처님의 해를 널리 비추신 국사님!

태고 · 나옹 · 대장경 · 일연

한국불교는 통불교*로서 여러 종파를 두루 인정하는 특징이 있다. 그중 가장 중시되는 것은 선이고,

선 가운데서도 가장 숭상되는 것은 임제 선사의 간화선 계통이다.

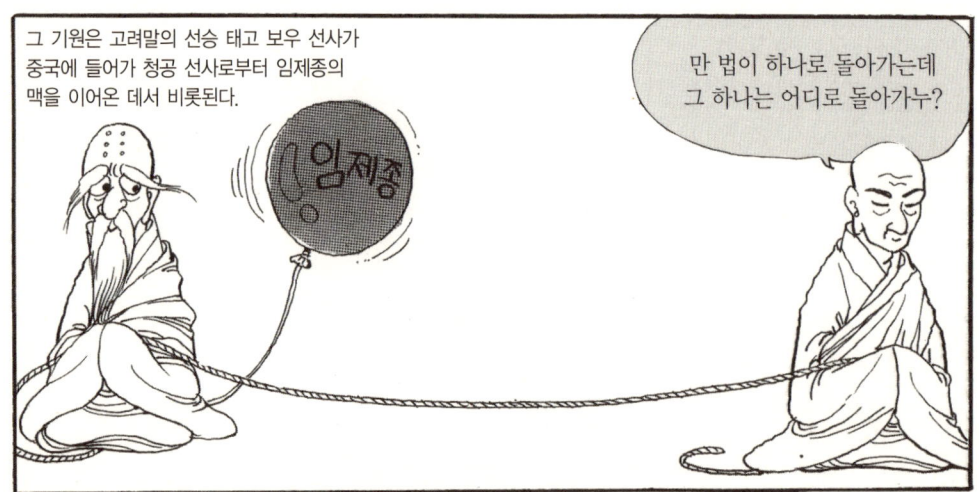

그 기원은 고려말의 선승 태고 보우 선사가 중국에 들어가 청공 선사로부터 임제종의 맥을 이어온 데서 비롯된다.

만 법이 하나로 돌아가는데 그 하나는 어디로 돌아가는가?

* 대승불교의 여러 사상 중 그 차이점보다 공통점을 강조하여 한 맛(一味)으로 돌아가려는 사상.

지공 화상을 5년쯤 모신 뒤에는 중국의 기라성 같은 선사들과 만나 뜻을 겨루었고, 황제로부터 금란 가사를 받는 등 활동하다가 다시 지공 선사에게 돌아갔다.

고놈, 참 신통한 놈이로군.

고려로 돌아가 산이 셋, 물이 둘 있는 곳에서 불법을 펴면 크게 흥하리라.

15년 만에 고국에 돌아와 왕사(王師)가 되어 크게 불법을 펴다가

지공 스님께서 말씀하신 곳이 바로 이곳이로다.

여주 신륵사에서 세수 57세를 일기로 조용히 입적하였는데

너희들을 위하여 열반을 보이겠노라!

오색 구름이 찬란히 주변의 산봉우리를 감쌌다고 한다.

태조 이성계의 왕사였던 무학 대사는 나옹 스님의 제자죠.

기울어가는 불교를 붙든 무학대사

고려시대는 이런 고승들과 함께 요승들이 나타나 불교계와 정치사까지도 어지럽히기도 했다.

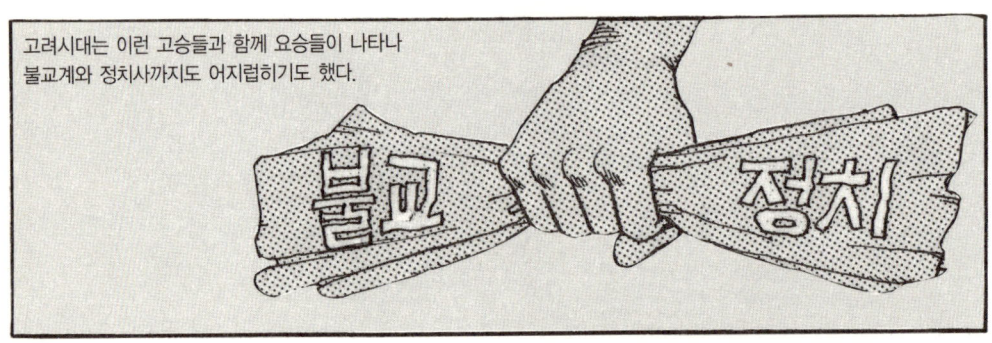

신돈이 그 대표적인 승려로, 정치에 뛰어들어 처음에는 공민왕을 도와 토지 개혁과 노비 해방 등을 실현하는 개혁정치가로 부각됐지만, 차츰 돈과 여색을 탐하는 등 나라를 어지럽히고 불교의 이미지를 크게 추락시켰다는 누명을 뒤집어 쓰고 귀양갔다가 살해된다.

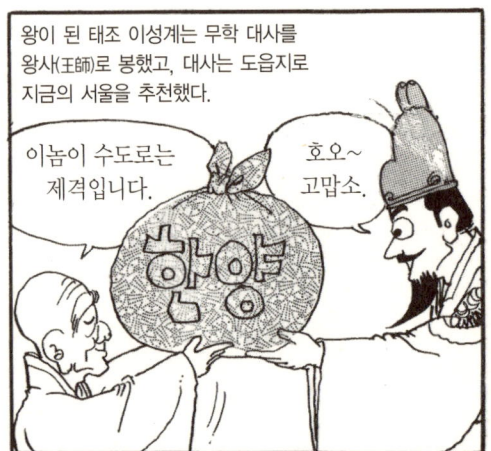

불교의 쇠락기에 활동한 함허·설잠·보우

* 오상(五常) : 인·의·예·지·신.

조선 불교의 중흥자 서산대사

불교가 홀대받던 시절에 나타나 왕에게까지 존경받은 서산* 대사 휴정(休靜)은 조선시대를 대표하는 고승이다.

휴정 스님은 몰락한 양반 가문에서 태어나 재능 있고 효성스런 아들로 자랐으나, 어려서 양친을 모두 잃었다.

향기 그윽한 누각에 해가 기울기 시작하고……

어린 시절 지은 시

그 후 진사 시험까지 합격하였으나 팔도를 유람하던 중 숭인 대사를 만나

너는 범상한 기골이 아니다. 헛된 이름을 추구하지 말고 심공급제**하여 일체의 고통을 벗어나는 게 어떠냐?

심공?

* 서산(西山) : 묘향산에서 오래 머물러 얻은 호.
** 심공급제(心功及第) : 과거 급제하듯 마음의 이치를 깨침.

* 팔도의 16종파의 총감독.

사명 대사는 스승인 서산 대사와 함께 평양 탈환에 큰 공을 세웠다.

그러나 5천여 승군은 큰 공을 세웠으면서도 유생들의 시기를 받았는데

중이 웬 살생?

기껏 목숨 바쳐 나라를 구해 주니 또 한심한 소리를!

흥! 중 주제에…

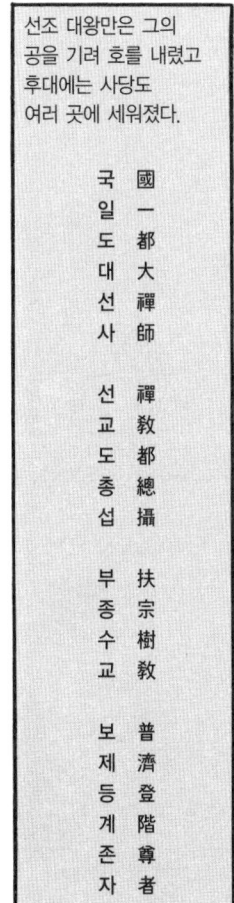

선조 대왕만은 그의 공을 기려 호를 내렸고 후대에는 사당도 여러 곳에 세워졌다.

國一都大禪師　禪敎都總攝　扶宗樹敎　普濟登階尊者

국일도대선사　선교도총섭　부종수교　보제등계존자

대사는 임진왜란이 끝나자 산으로 돌아가 임종게*를 남기신 뒤 85세 되던 해에 입적하셨다.

80년 전에는 네가 나이더니 80년 후에는 내가 너로구나.

그러나 대사의 진면목은 승병장보다는 선을 수행한 도인이라는 데 있다. 특히, 대사의 저서『선가귀감』은 지금까지도 널리 읽히는 명저이다.

禪家龜鑑

* 임종게(臨終偈) : 세상을 떠나기 직전에 읊는 고승의 시.

큰 빛을 일으켜 적막한
조선 불교를
되살린 청허당 서산 대사.

사명, 소요, 정관, 편양 등 도가 높은
네 제자가 그 법을 이었는데

사명 대사는
나라를 구했고
편양 선사는 도를
이었도다!

그중 편양 선사의 문파가 두드러져
현 한국의 스님 대부분이 편양 대사의
계보에 속한다.

한국 불교의 근·현대 고승전

꺼져가는 선을 되살린 경허 선사

* 알음알이 : 체험이 없는 개념 · 이론만의 앎.

경허 선사의 법을 이은 만공 선사

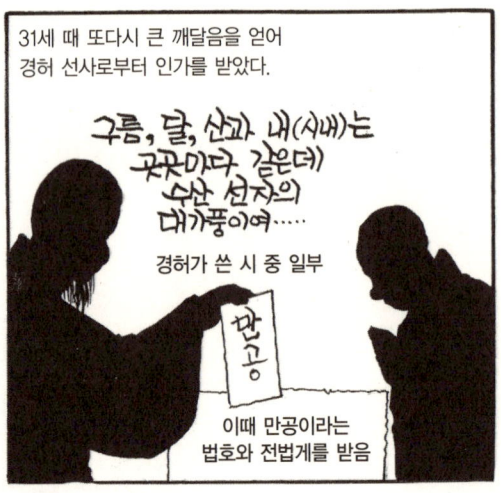

오대산의 맑은 연꽃 한암 선사

경허 선사의 또 한 분의 제자 한암 선사는 22세 때 출가하여 경전을 공부하다가

한학에 조예가 깊었고 속명은 방중원이지요.

보조 국사의 수심결을 읽던 중 큰 종교 체험을 한 뒤 경허 선사를 만난 자리에서 재차 깨달음을 얻었다.

절름발이가 끌고 소경이 봄이여, 북산은 말없이 남산을 대하네.

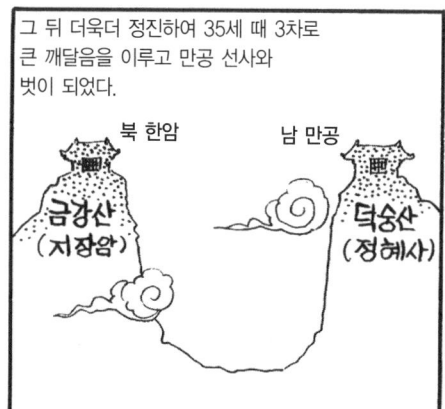

그 뒤 더욱더 정진하여 35세 때 3차로 큰 깨달음을 이루고 만공 선사와 벗이 되었다.

북 한암   남 만공
금강산 (지장암)   덕숭산 (정혜사)

50세부터는 오대산에 들어가 76세로 입적할 때까지 한 번도 산에서 나오지 않았다.

근대 불교의 선각자 용성 선사

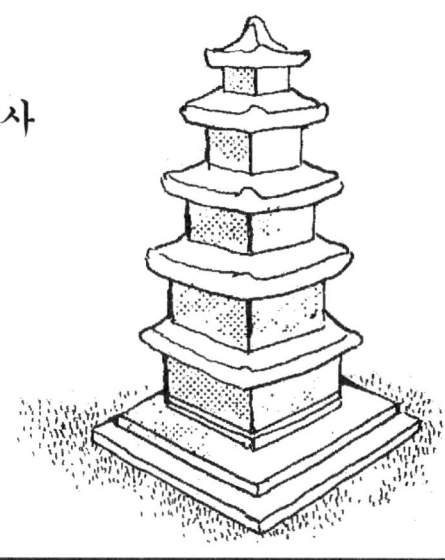

용성 선사는 3·1 운동에 참여했던 민족 지도자로도 유명하다.

"스님, 이 선언서에 서명해 주십시오."

한용운→

1864년 전북 남원(현재 장수)에서 태어나 16세 때 승려가 되어 처음에는 대비주를 열심히 외웠다.

"자비하신 관세음보살님!"

그 후 세 차례에 걸쳐 큰 종교 체험을 하고,

홀로 빈 방에 앉아 마음의 소를 찾다
한 바퀴 뚜렷한 진리의 달
홀연히 떠오르네.

민족의 님 만해 한용운

시집 『님의 침묵』의 저자로 우리에게 더 잘 알려진 만해 한용운 스님은

님은 갔습니다.
아아, 사랑하는 나의 님은
갔습니다
푸른 산빛을 깨치고
단풍나무 우거진
......

서릿발 같은 기개와 대쪽 같은 민족혼으로 일제를 꾸짖으면서 결코 굽힘이 없었던 민족의 영원한 지사이다.

1879년 충남 홍성에서 태어나 26세에 불문에 귀의하여 경전 공부와 선 수행을 쌓은 뒤

한마디 큰 종소리 삼천세계
되 흔드니 눈속에 복사꽃이
붉게 붉게 피어나네.

민족운동에 뛰어들어 청년들을 계도하고 잡지를 발행해 논문을 발표하며, 불교 개혁을 적극 주장하였다.

또한 3·1 운동을 계획·추진하였으며, 독립 선언서의 공약 3장을 직접 지어 우리의 영원한 님이 된 만해 스님은

꿋꿋한 정신을 지키며 일제에 항거하였다.

여러분, 우리는 이미 죽기를 맹세하지 않았던가요? 사형이 그리도 무섭소?

또한 「불교 유신론」이란 논문을 통해 불교도 시대에 맞게 변해야 한다고 주장하였다.

이러한 만해 스님이야말로 은둔과 소극성이 만연해 있던 근대 한국 불교계에 빛나는 족적을 남긴

한 송이 설중매였다 할 것이다.

불교 정화의 기수 청담 스님

일제의 영향으로 결혼한 승려들이 한국불교를 이끌어 가던 때에 청담 스님은 청정 승가의 복원을 제창하였다.

불법에 대처승이란 없다!

옴마나!!

그리하여 비구 승려 1천여 명이 조계사에 모여 불교 정화의 기치를 내걸고 운동을 전개하여

난잡해진 사찰이 깨끗해질 때까지 청소하리라.

싸악

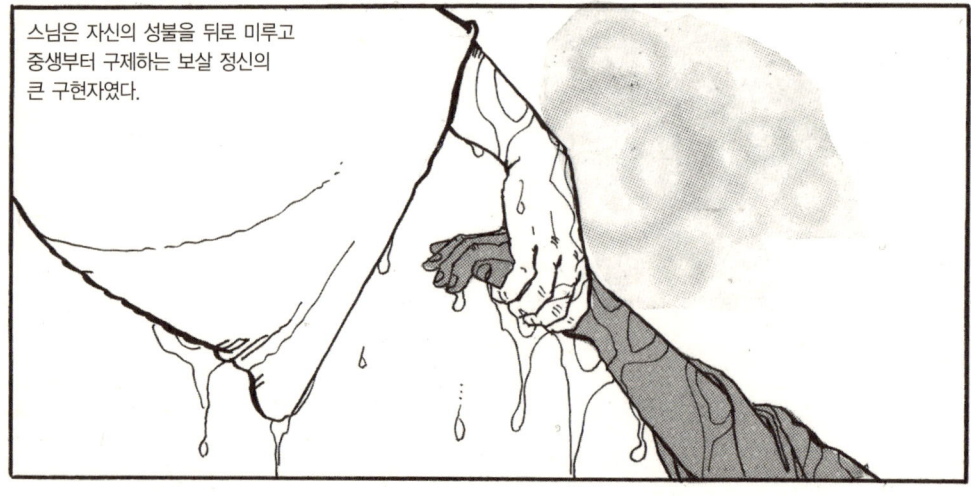

법관이었다 출가한 효봉 스님

일제 시절 평양 복심법원(현 고등법원) 판사로 재직하고 있던 이찬형은

한 죄수에게 사형 선고를 내린 뒤 크게 고심하다가

아아! 어찌 인간이 인간을 죽일 수 있단 말인가? 그것이 아무리 법에 의한 것이라 할지라도….

통도사의 큰스승 경봉선사

통도사 극락암에 머물면서 고승으로
이름을 떨친 경봉 스님은

스님이 된 뒤 어느 날 경을 보다가 크게
발심하여 참선 정진에 돌입하였다 한다.

하루 종일 남의 보배를 세어봤자
반 푼어치의 이익도 없다.

그, 그렇다!
내 보배를 얻으려면
도를 닦지 않을
수 없다!

* 우담바라 꽃 : 3천 년에 한 번 핀다는 진리를 상징하는 신비로운 꽃.

5

여러 나라의 불교

일본불교

6세기 중엽에 백제로부터 불교를 받아들인 일본에서는 불교의 가장 고매한 면과 가장 비속한 면이 골고루 나타나게 되었다.

대승불교의 여러 종파가 각기 발달한 점에서는 인도·중국·한국과 다름이 없었으나

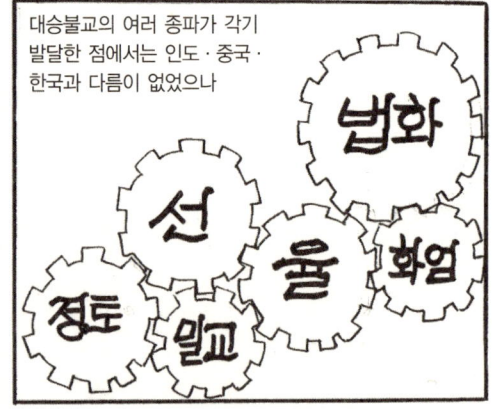

거기에 일본만의 특성이 스며들어 독특한 불교 전통을 이루어냈던 것이다.

"기존 불교에 일제 향신료를 섞어넣자."

쪼르륵

* 진호(鎭護) : 교법에 따라 국가를 진정(鎭定)·보호(保護)함.
** 일련(日蓮) : 니치렌이라고 함.

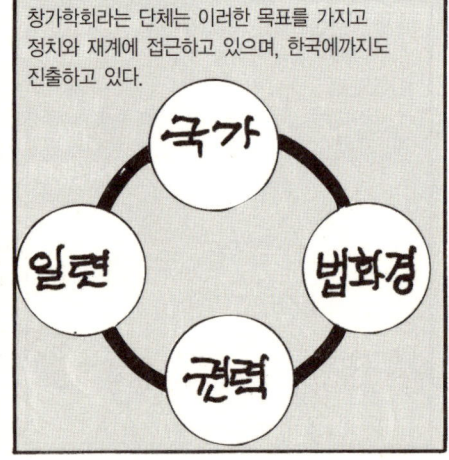

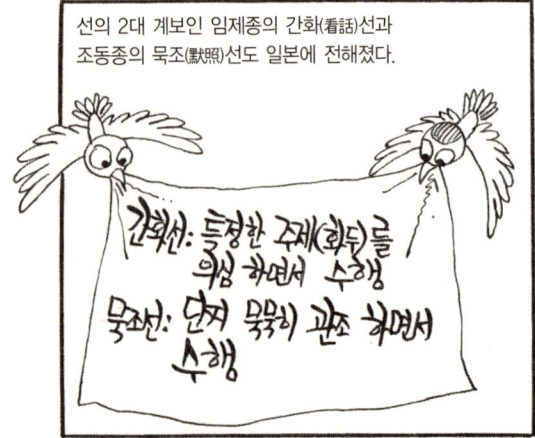

* 선의 일본식 발음.

티베트불교

그는 삶의 덧없음과 자신의 드높은 깨달음에
감격하여 무려 10만 편의 시를 읊조렸다.

그 후 그는 다시 동굴 속으로
들어가 명상하였고

탁월한 제자들을 남긴 뒤
전설이 되어 사라졌다.

동남아시아 불교

남방 불교(상좌부 불교)라고도 불리는 동남아시아 불교는 기원전 3세기경 인도의 아소카 대왕 때 왕자 출신의 마힌다 스님에 의해 스리랑카로 전해진 불교가 시간을 두고 동남아시아로 전해져 성립된 것이다.

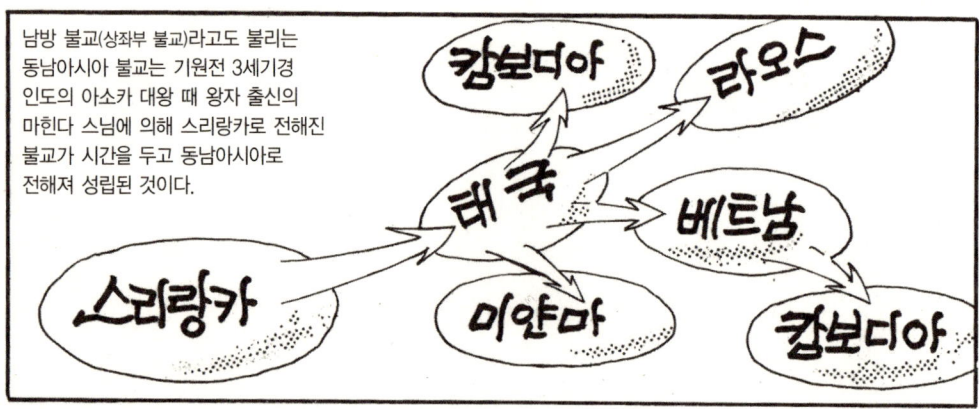

이들 남방 불교권에서는 북방 불교와는 다른 팔리어로 된 경전을 받으면서 부처님 당시와 가까운 불교 형태를 유지하고 있어 자부심이 대단하다.

남방 불교 : 팔리어 경전

북방 불교 : 한역 경전(한문)
　　　　　　티베트어 경전

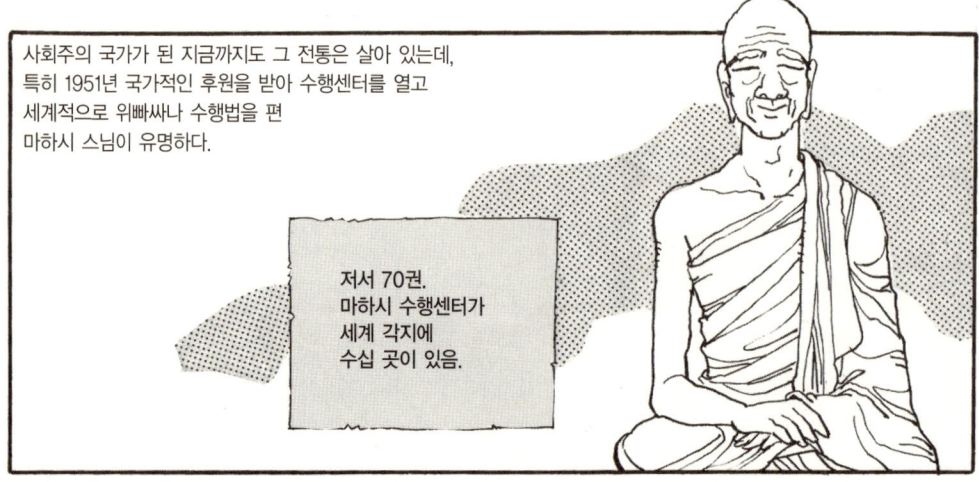

마하시 스님은 수행을 시작하자마자 40일 동안 잠을 자지 않은 채 정진하여 큰 경지를 이룬 것으로 알려져 있다.

또 스님은 1955년의 제 6차 경전 결집을 통하여 불법의 위치를 재확인하였다.

남방 불교 중 우리가 가장 쉽게 접하는 것이 태국불교이다. 대승불교와 힌두교가 성행하던 태국에 상좌부 불교를 정착시킨 것은 한때 태국을 정복했던 미얀마의 아노라타 왕이었다.

땅...
이크!
도망가자.
상좌부
좋은 말 할 때 가셔.
인자부텀은 상좌붕께로….

그 뒤 수코타이 왕조를 거쳐 아유타야 왕조에서도 상좌부 불교가 보호되어 14세기에서 16세기에 걸쳐 태국 문화의 황금기를 이루었다.

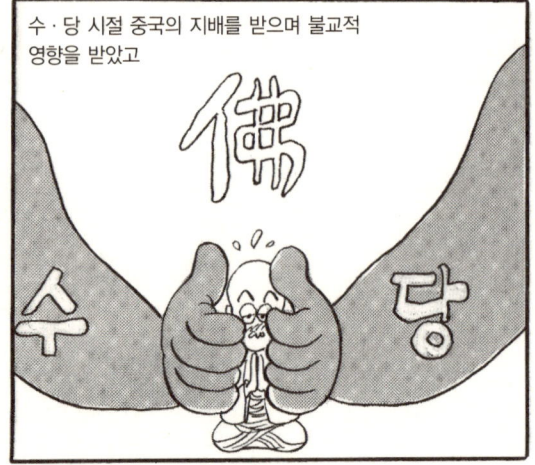

1954년 남북으로 나뉜 뒤 베트남에서는 불교 탄압에 저항하는 승려들의 투쟁이 격화되기도 했다.

일반적으로 남방 불교에서는 남자가 일정 기간 승려생활을 하는 전통이 있다.

또 승려는 계율이 엄격하고, 불교철학은 복잡하고 현학적이기보다는 단순하고 쉬운 특징을 지니고 있다.

게다가 거의 전 국민이 지극한 신심으로 똘똘 뭉쳐 있는 것이 큰 특징이기도 하다.

서양의 불교

현대에 이르러 불교는 그 영향력을 서구사회에까지 미치기 시작하였다. 붓다? 붓디즘?	급속한 문명의 발달과 함께 서양인들에게 기독교가 설 땅이 좁아진 반면, 몸은 비대해지고 설 땅은 좁아졌다.
합리성이 있는 불교에 관심을 갖는 사람이 늘어나게 되었다.	1970년대에는 선이 서양문화에 큰 파장을 일으켰고, 한때는 티베트불교의 신비성이 그들을 매료시켰다. 옴마니.. 반메훔...

단순히 복을 빌어 주는 것이 종교의 역할이었던 시대는 가고, 보다 현실적이고 합리적인 것이 요구되는 현대사회에서는 불교뿐만 아니라 현존하는 모든 종교들의 재탄생이 요구되는 게 세계의 현실이 아닐까?

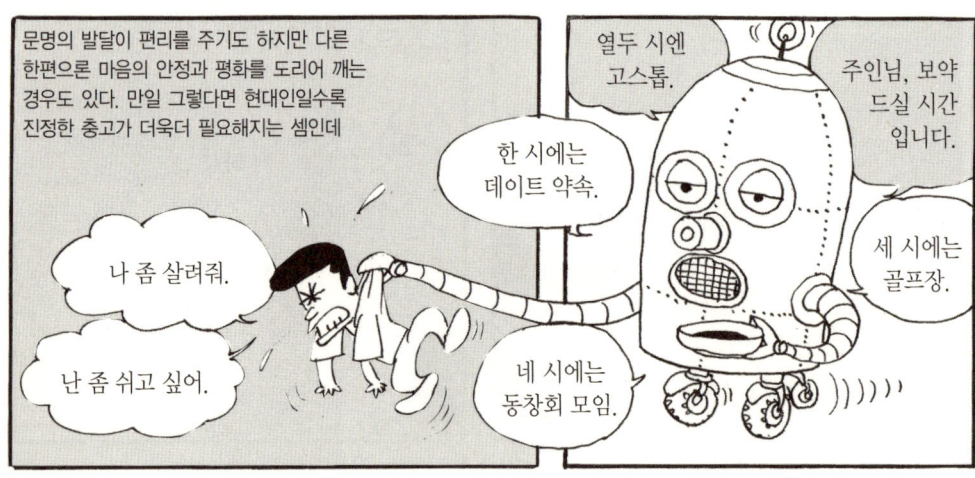

문명의 발달이 편리를 주기도 하지만 다른 한편으론 마음의 안정과 평화를 도리어 깨는 경우도 있다. 만일 그렇다면 현대인일수록 진정한 충고가 더욱더 필요해지는 셈인데

진정한 종교는 보기 힘든 대신 맹목적인 신앙을 강요하는 종교가 득세하고, 또 신자들 자신도 그런 것을 더욱 선호하니 참으로 이상한 일이다.